SALLY GRIFFITHS

# DIE 100 BESTEN PASTA-SAUCEN

WELTBILD

# INHALT

Einführung 7

Nützliche Küchengeräte 9

Die wichtigsten Vorräte 11

Pastaformen 13

Wissenswertes über Pasta 15

Die richtige Zubereitung 16

Rezepte 19

*Pesto-Variationen 20*
*Öl- und Buttersaucen 23*
*Saucen mit Sahne, Eiern und Käse 24*
*Gemüsesaucen 30*
*Fischsaucen 43*
*Fleischsaucen 52*

Dank 62

Register 63

# EINFÜHRUNG

Anfang der sechziger Jahre kaufte sich meine Mutter in Kalabrien ein »Häuschen auf dem Land«. Zu ihrer großen Überraschung und Freude kam damit auch Anna in ihr Leben, die sich rasch als unentbehrliche Vertraute, wertvolle Beraterin und großartige Köchin erwies. Wie sich bald herausstellte, war sie vor allem eine Expertin für Pasta. Mit ihren wundervollen Zubereitungen hat sie uns immer wieder aufs neue begeistert, und ich habe viel von ihr gelernt.
Was damals allgemein übersehen wurde, war, daß man in Süditalien noch eine unverfälschte Küche pflegte. Es kamen die Zutaten zur Verwendung, die in der sonnigen, vom Meer umgebenen Region in Hülle und Fülle vorhanden waren. Obst und Gemüse gediehen im heißen Klima prächtig, und das Meer lieferte Fische und Meeresfrüchte in großen Mengen. Gutes Rindfleisch war dagegen rar.
Wie so viele italienische Hausfrauen hatte Anna jedoch gelernt, Pastasaucen und -füllungen mit den einheimischen Zutaten, die frisch erhältlich waren, zu variieren und bei Bedarf zu strecken. »Ein Essen muß nicht aufwendig sein, nur gut«, lautete Annas Philosophie.
Nach meiner Erfahrung sind Pastagerichte für eine schnelle Mahlzeit genauso geeignet wie für ein gepflegtes, liebevoll zubereitetes Essen. Kaum jemand hat nach einem langen, anstrengenden Tag noch die Muße oder Energie, sich mit komplizierten Zubereitungen zu befassen. Dieser Aspekt war für mich maßgebend beim Zusammenstellen der Rezepte. Sie sind schnell und leicht nachzukochen und dabei ein Augen- und Gaumenschmaus zugleich.
Je nachdem, ob eine Sauce auf Öl und Butter, Käse, Gemüse oder Fleisch basiert, sollte sie mit einem bestimmten Pastatyp kombiniert werden, damit der Geschmack und die Konsistenz richtig zur Geltung kommen. Hierzu finden Sie im folgenden einige Grundregeln.
Pasta zu kochen ist eigentlich gar nicht schwer, aber dennoch sind dabei einige Punkte zu beachten. Sie werden in einer leicht verständlichen Frage- und Antwortform erläutert. Damit gelingen Ihre Pastagerichte garantiert!
Angesichts des wachsenden Angebots italienischer Produkte in den Supermärkten wird es immer einfacher, sich einen Vorrat an immer wieder benötigten Zutaten zuzulegen. Die wichtigsten, mit denen Sie mindestens 30 der hier vorgestellten Rezepte auch ohne vorherigen Einkauf zubereiten können, habe ich aufgelistet. Außerdem werden nützliche Küchengeräte in einer Übersicht präsentiert, wobei zumindest zwei meiner Meinung nach absolut unverzichtbar sind.
Der Rest des Buches ist den Rezepten selbst gewidmet. Obwohl sie generell unkompliziert sind, stellen vor allem die ersten beiden Kapitel Saucen vor, die mit minimalem Aufwand und teils ohne Kochen im Nu zubereitet sind. Danach folgen Rezepte mit Sahne, Ei und Käse, mit Gemüse, mit Fischen und Meeresfrüchten und schließlich mit Fleisch.
Zu allen Saucen empfehle ich eine Pastasorte. Da es jedoch insgesamt über 350 gibt, sollten Sie Ihrer Experimentierfreude ruhig freien Lauf lassen.
Bisher ist mir noch niemand begegnet, der über Pasta geschrieben hätte und nicht zugleich ein passionierter Pastaliebhaber gewesen wäre. Mir geht es da nicht anders. Ich habe mit großer Freude an diesem Buch gearbeitet und hoffe sehr, daß Sie die Saucen mit dem gleichen Vergnügen ausprobieren, das ich beim Aussuchen und Schreiben hatte.

# NÜTZLICHE KÜCHENGERÄTE

Viele der hier aufgeführten Utensilien finden sich in jeder Küche. Falls noch nicht vorhanden, sollten Sie sich unbedingt einen großen, schweren Edelstahltopf und ein großes Sieb zulegen. Sie sind das A und O beim Kochen von Pasta.

**Bratpfannen** Ein dicker Boden sorgt dafür, daß sich die Wärme gleichmäßig verteilt. Außerdem halten robuste Pfannen aus Gußeisen oder Edelstahl nahezu unbegrenzt.

**Eßlöffel und Teelöffel aus Metall** Viele Zutaten werden in diesen Einheiten (EL bzw. TL) angegeben.

**Gabel mit langem Griff** Sie ist sehr nützlich, um lange, rutschige Nudeln zur Garprobe aus dem Topf zu fischen.

**Holzlöffel** Da sich beim Umrühren des Garguts immer winzige Partikel vom Rührgerät ablösen, ist Holz gegenüber Kunststoff oder Metall vorzuziehen. Ein langstieliger Kochlöffel wird zum Umrühren der Pasta während des Kochens benötigt.

**Kartoffelschäler** Damit können Sie für Salate oder zur Garnierung geringelte Späne vom Parmesan abhobeln.

**Käsehobel** Dient dem gleichen Zweck, erfüllt seine Aufgabe aber weitaus perfekter als der Kartoffelschäler.

**Käsereibe** Die einfache, klassische Metallreibe erfüllt durchaus ihren Zweck.

**Knoblauchpresse** Da dieses Gerät häufig zum Einsatz kommt, wählen Sie eine stabile Ausführung, die so konstruiert ist, daß das Fruchtfleisch leicht herausfällt.

**Mixer** Mit dieser Anschaffung sparen Sie sich viel Zeit und Mühe. Natürlich kann auch ein Mixstab mit rotierenden Messern verwendet werden.

**Meßbecher** Wichtig sind gut erkennbare Skalen, möglichst für verschiedene Zutaten.

**Messer** Gut geschärfte Messer erleichtern das Schneiden und Hacken der Zutaten erheblich. Es lohnt sich, gute Qualitäten zu kaufen.

**Mörser und Stößel** Pfefferkörner und Kräuter entfalten ihr Aroma besonders gut, wenn man sie im Mörser zerstößt oder zerreibt. Keramik- oder Marmorausführungen sind am empfehlenswertesten.

**Parmesanmesser** Mit der kurzen, scharfen Klinge lassen sich von einem großen Stück dieses sehr harten Käses gut relativ feine Scheiben herunterschneiden.

**Pfeffermühle** Wichtig ist ein gutes Mahlwerk. Billige Mahlwerke verschleißen rasch. Die besten gibt es im Fachhandel für Gastronomiebedarf. Wählen Sie aus den zahlreichen Ausführungen aus Holz, Silber und Kunststoff eine Ausführung, die zum Stil Ihres Eßzimmers paßt.

**Schneidbretter** Um die Arbeitsfläche Ihrer Küche nicht zu verkratzen, empfiehlt sich die Verwendung von Schneidbrettern. Zum Hacken von Knoblauch und anderen stark aromatischen Zutaten verwenden Sie am besten ein Kunststoffbrett.

**Schüsseln** Eine Auswahl an Schüsseln zum Mischen von Zutaten ist unverzichtbar.

**Sieb mit Fuß und Griffen** Bei einem zu kleinen Sieb rutschen größere Pastamengen leicht über den Rand. Ist es dagegen großzügig bemessen, kann man die Pasta mühelos abgießen, durch Schütteln abtropfen lassen und wieder mit Schwung in den warmen Topf zurückfüllen.

**Spaghettitopf** Teigwaren geben beim Kochen Stärke ab. Damit sie nicht klebrig werden, müssen sie also immer in reichlich Wasser gekocht werden. Daher sollte der Nudeltopf groß sein und möglichst aus Edelstahl bestehen, der die Wärme gut leitet.

**Spaghettizange** Diese große Zange aus Edelstahl erspart Ihnen manches Kunststück beim Servieren.

**Teigschaber** Er ist nützlich, um aus Schüsseln, Meßbechern und anderen Gefäßen auch die letzten Reste zubereiteter Mischungen herauszuholen.

**Töpfe** Es sollten in Ihrer Küche unbedingt mehrere kleine Töpfe vorhanden sein.

**Vorratsgläser** Sie sind nützlich zur Aufbewahrung angebrochener Packungen getrockneter Pasta.

**Zitronenpresse** Nach Möglichkeit sollte sie so konstruiert sein, daß die Kerne aufgefangen werden.

RECOMMANDÉE POUR LES VRAIS GOURMETS
HUILE D'OLIVE VIERGE EXTRA
HUILE NATURELLE
1ère PRESSION A FROID
NICOLAS ALZIARI
HUILERIE
de
LA MADELEINE
VENTE ET EXPÉDITIONS
14, Rue St FRANÇOIS de PAULE
NICE
MARQUE DE FABRIQUE
HUILERIE
NICE
Sapori e natura
650 g
Pasta di semola di grano duro
NOSTROMO
SCLAFANI
BRAND
SAN MARZANO TOMATOES
NET WEIGHT 92 OZ. (5 LB. 12 OZ.)
TUTTOCALABRIA
PATÉ DI POMODORI

# DIE WICHTIGSTEN VORRÄTE

Obwohl frische Produkte in der Regel als höherwertig angesehen werden, gibt es doch viele Konserven, die für Pastasaucen bestens geeignet sind. Die meisten der nachfolgend genannten Zutaten bekommen Sie inzwischen im Supermarkt. Sollten Sie dort nicht fündig werden, besuchen Sie ein italienisches Delikatessengeschäft – und schwelgen Sie!

**Getrocknete Pasta**

Es empfiehlt sich, stets einen Vorrat verschiedener Pastaformen im Hause zu haben – neben den bekannten Spaghetti, Tagliatelle, Penne und Tortellini etwa auch Capellini (Fadennudeln), Linguine oder Trenette (flache Spaghetti), Bucatini (dickere, hohle Spaghetti), Fettuccine (breitere Tagliatelle), Fusilli (Spiralen), Farfalle (Schleifen), Conchiglie (Muscheln) und Rigatoni (große, gerillte Rohrnudeln).

**Häufig verwendete Zutaten**

Sardellen, Sardinen, Lachs und Thunfisch aus der Dose, eingelegte Muscheln, Senf, eingelegte geröstete Paprikaschoten, Kapern, grüne und entsteinte schwarze Oliven, weiterhin verschiedene konservierte oder getrocknete Bohnen, getrocknete Steinpilze, sonnengetrocknete Tomaten in Öl, eingemachte ganze und pürierte Tomaten (mehrere Dosen oder Gläser), Tomatenmark, Semmelbrösel, Rot- und Weißwein.

**Nüsse und Samen**

Damit sie nicht weich werden, bewahrt man sie in einem luftdicht verschlossenen Gefäß auf.

Viel verwendet werden Pinienkerne, gehobelte Mandeln, Walnüsse, Mohnsamen.

**Öle und Essige**

Sie werden fest verschlossen und dunkel gelagert.

Kaltgepreßtes, natives (aus der ersten Pressung stammendes) Olivenöl, Trüffelöl, Walnuß- oder Haselnußöl, Chiliöl, kaltgepreßtes Olivenöl (zum Braten), Balsamessig, Weiß- und Rotweinessig.

**Pasten**

Angebrochene Gläser halten sich länger, wenn man den Inhalt mit einer dünnen Schicht Öl bedeckt.

Grüne und schwarze Olivenpaste, Tomatenmark.

**Pfeffer und Salz**

Schwarze Pfefferkörner, feines und grobes Salz.

**Gewürze**

Sie werden in fest verschlossenen Gläsern kühl, trocken und dunkel gelagert.

Zerstoßene getrocknete Chilis, Muskatnuß, Zimtpulver, Safranfäden.

**Getrocknete Kräuter**

Wie die Gewürze werden sie in fest verschlossenen Gläsern kühl, trocken und dunkel gelagert.

Majoran, Oregano, Estragon, Thymian, Rosmarin, Basilikum, Lorbeerblätter, Dill.

**Frische Kräuter**

Es geht nichts über den eigenen kleinen Kräutergarten auf dem Balkon oder Fensterbrett. Wer einen eigenen Gemüsegarten hat, darf sich besonders glücklich preisen.

Basilikum, glatte Petersilie, Rosmarin, Salbei, Schnittlauch, Koriander, Thymian usw.

**Frische Gemüse und Früchte**

Tomaten, Knoblauch, Zwiebeln, Schalotten, Paprikaschoten, Chilischoten, Zitronen.

**Schinken und Speck**

Wenn Sie keinen original italienischen Prosciutto und Pancetta (Bauchspeck) bekommen können, sind einheimische Schinken- und Specksorten ein durchaus vollwertiger Ersatz. Speck sollte aber stets durchwachsen sein. Reiner Bauchspeck wird nicht verwendet. Schinken und Speck werden, fest eingewickelt, im Kühlschrank aufbewahrt.

**Im Kühlschrank**

Parmesan und Pecorino romano (fest einwickeln), Crème fraîche und Crème double (länger haltbar als Sahne), Butter, Sahne, Eier.

**In der Gefriertruhe**

Paket Erbsen, frische Kalbs-, Fisch-, Gemüse- und Hühnerbrühe (im Supermarkt gibt es entsprechend Fonds im Glas. Reste kann man ebenso einfrieren wie frische, selbst zubereitete Brühen)

Bucatini
Fusilli lunghi bucati
Tagliatelle
Spaghetti
Maccheroni napoletani
Trenette

# PASTAFORMEN

Es gibt in Italien Hunderte von Pastatypen, aber auch im deutschsprachigen Raum hält jeder gutsortierte Supermarkt ein reiches Angebot bereit. Im Laufe der Zeit haben sich im Ursprungsland verschiedene klassische Kombinationen der verschiedenen Pastaformen und Saucenarten herauskristallisiert.

**Lange, runde Pasta**
Hierzu gehören zum Beispiel Capellini (Fadennudeln), Spaghettini, Spaghetti und Vermicelli. Sie schmecken besonders gut mit einer Sauce mit viel Olivenöl oder Butter, die verhindert, daß sie miteinander verkleben. Dabei sind Spaghetti der Inbegriff der Pasta schlechthin. Sie lassen sich mit nahezu allen Saucen vortrefflich kombinieren und sind besonders mit der klassischen Tomatensauce immer wieder ein Genuß.

**Lange, flache Pasta**
Linguine oder Trenette, Fettuccine, Tagliatelle, Tagliolini, Pappardelle und Lasagne, um nur einige zu nennen, werden am besten mit einer reichhaltigen Sauce auf Käse-, Eier- oder Sahnegrundlage oder einer Sauce mit kleinen Schinkenstückchen oder dergleichen kombiniert.

**Kurze Pasta**
Mit ihren vielgestaltigen Formen – Röhren, Spiralen, Muscheln usw. – können diese Pastasorten besonders viel Sauce aufnehmen, die daher etwas sämiger sein sollte. Mittelgroße Röhrennudeln und andere Formen schmecken vorzüglich zu Saucen mit Gemüse, während etwa Maccheroni und Rigatoni ideal zum Überbacken oder für üppige Fleischsaucen sind.

**Gefüllte Pasta**
Die unterschiedlich geformten Teigtaschen können die vielfältigsten köstlichen Zutaten enthalten. Damit ihr Aroma nicht übertönt wird, sollte die Sauce möglichst einfach sein, zum Beispiel zerlassene Butter mit etwas Käse.

Tortellini
Lasagne
Tagliarini
Fettuccine
Ravioli
Ravioli alla ricott

# WISSENSWERTES ÜBER PASTA

Schenken Sie irgendwelchen selbsternannten Feinschmeckern mit Historikerambitionen, die über die Ursprünge der Nudeln genauestens Bescheid wissen wollen und vielleicht eine geheimnisumwobene Ecke Italiens nennen, keinen Glauben. Tatsache ist, daß niemand weiß, woher und wie die Nudeln in unsere Breiten kamen. Eine nebulöse Legende nennt China als ihre Heimat. Von dort soll sie der berühmte venezianische Kaufmann und Weltreisende Marco Polo im Mittelalter nach Europa gebracht haben.

Wie und von wo auch immer die Nudeln zu uns gelangten – unter der Bezeichnung »Pasta« wurden sie zum Inbegriff der Küche Italiens und traten von dort ihren Siegeszug in der westlichen Welt an.

**Wie viele verschiedene Pastaformen gibt es?**
Die Italiener haben über 350 verschiedene Pastaformen erfunden, die sich jeweils für ganz bestimmte Saucen eignen (siehe Seite 13).

**Wird Pasta als Vorspeise oder Hauptgericht serviert?**
Pasta wird normalerweise heiß gereicht – als Vorspeise oder Hauptgericht, in Suppen, mit verschiedensten Saucen oder als Auflauf. Nudeln schmecken aber auch kalt als Salat.

**Wie gesund ist Pasta?**
Sie versorgt uns im wesentlichen mit Kohlenhydraten und ist deshalb bei Sportlern als Energielieferant beliebt. Je nach Sauce enthalten Pastagerichte reichlich Eiweiß, Vitamine und Mineralstoffe.

**Macht Pasta dick? Nein.**
Es ist die oft gehaltvolle und fettreiche Sauce, die die Kalorienzahlen in die Höhe treibt.

**Gibt es eine Alternative zu Teigwaren aus Weizen?**
In Naturkostläden und gut sortierten Supermärkten bekommen Sie auch Dinkelnudeln, die sich aufgrund ihres geringen Glutengehalts für Weizenallergiker eignen.

**Ist frische oder getrocknete Pasta besser?**
Beide werden gemeinhin als gleichwertig angesehen. Allerdings sollte man bei getrockneter Pasta eine gute Marke wählen. Im Gegensatz zu italienischen enthalten deutsche Nudeln zumeist Ei und bestehen nicht immer aus Hartweizen.

**Worauf muß man bei frischer Pasta achten?**
Sie sollte von einem renommierten Hersteller stammen, da andere gern zuviel Wasser hinzugeben, um das Gewicht zu erhöhen. Minderwertige Qualität quillt beim Kochen stark auf und verkocht zu einer weichen Masse. Wichtig ist auch, daß frische Pasta beim Kauf noch nicht zu lange im Regal gelegen hat.

**Mit welchen Saucen serviert man frische Pasta?**
Mit leichten Saucen, die Sahne, Butter oder andere Zutaten enthalten und daher vom porösen Teig aufgenommen werden.

**Was ist der Vorteil von getrockneter Pasta?**
Sie hält sich mindestens ein Jahr und ist in den verschiedensten Formen und Größen erhältlich.

**Ist frische Pasta »typischer« als getrocknete?**
Nein. Frische Teigwaren werden vorwiegend in Norditalien hergestellt, während man im Süden hauptsächlich getrocknete Pasta ißt.

**Welche Pastasorte paßt zu welcher Sauce?**
Als Faustregel gilt: lange, runde Pasta zu Öl- und Buttersaucen, flache Pastasorten zu Saucen mit Ei, Käse, Sahne oder hellem Fleisch und Röhren sowie andere Formen zu einer dickeren Sauce, die von den Löchern und Vertiefungen der Nudeln gut aufgenommen wird.

**Wie lange hält sich Pasta?**
Getrocknete Pasta hält sich etwa ein Jahr, während frische möglichst am Kauftag zubereitet werden sollte.

**Woraus wird getrocknete Pasta hergestellt?**
Der Grundteig besteht aus Hartweizengrieß und Wasser (manche, vor allem deutsche, Produkte enthalten auch Ei). Wählen Sie eine bekannte italienische Marke und achten Sie auf die Packungsaufschrift *semola di grano duro*. Minderwertige Qualitäten zerkochen zu einem klebrigen Brei.

**Worin unterscheidet sich frische Pasta aus dem Supermarkt von hausgemachten Teigwaren?**
Wirklich gute, frische, selbstgemachte Pasta, hergestellt aus Weizenmehl, Eiern, Salz und Wasser, ist unvergleichlich zart und delikat im Geschmack.

**Was ist Hartweizengrieß?**
Hartweizen wird vor allem in Kanada und den Vereinigten Staaten angebaut. Zu Grieß gemahlen, verleiht er den Teigwaren ihren Biß.

**Wie unterscheiden sich Teigwaren mit und ohne Ei?**
Eierteigwaren sind etwas voller im Geschmack und intensiver in der Farbe. Sie enthalten natürlich mehr Eiweiß und haben mehr Biß.

**Warum zwei Sorten Olivenöl?**
Kaltgepreßtes Olivenöl aus erster Pressung (natives Olivenöl) ist aufgrund seiner hervorragenden geschmacklichen Qualität sehr teuer. Zum Kochen und Braten reicht ein gutes kaltgepreßtes Markenöl aus.

# DIE RICHTIGE ZUBEREITUNG

**Wann wird die Pasta gekocht?**

Man kocht sie erst unmittelbar vor dem Servieren.

**Welche Mengen rechnet man?**

Das hängt natürlich sehr von Ihrem Appetit ab. Grundsätzlich aber rechnet man für vier Personen

| als Vorspeise | als Hauptgericht |
|---|---|
| getrocknete Pasta: 175–225 g | getrocknete Pasta: 350 g |
| frische Pasta: 450–700 g | frische Pasta: 900 g |

**Wie kocht man Pasta?**

In einem großen Topf reichlich Wasser zum Kochen bringen und salzen. Die Pasta hineingeben und gut umrühren. Einen Deckel auflegen, bis das Wasser erneut aufsprudelt, und dann wieder abnehmen. Die Pasta während des Kochens mehrmals umrühren. Damit sie nicht zu weich wird, 1-2 Minuten vor Ende der Garzeit, die auf der Packung angegeben ist, ein- bis zweimal probieren. Die Pasta abgießen, zurück in den Topf geben und ein wenig Olivenöl unterziehen. Die Sauce daruntermischen und das Gericht sogleich servieren.

Für einen kalten Nudelsalat die Pasta kochen, abgießen und mit etwas Öl vermischen, wie zuvor beschrieben. Auf Zimmertemperatur abkühlen lassen.

**Was für einen Topf verwendet man am besten für Pasta?**

Damit sie gleichmäßig gart und nicht zusammenklebt, verwenden Sie einen schweren, möglichst hohen Topf, der die Wärme gut leitet und groß genug ist, daß die Pasta darin schwimmen kann.

**Wieviel Wasser wird benötigt?**

Beim Kochen nimmt Pasta Wasser auf und gibt Stärke ab. Ist nicht genügend Wasser im Topf, nimmt sie die Stärke wieder auf und wird breiig. Man rechnet etwa 1 l Wasser pro 100 g Pasta.

**Wird das Wasser gesalzen?**

Ohne Salz schmeckt Pasta fad. Geben Sie pro l Wasser 1 TL Salz hinzu.

**Wie verhindert man ein Ansetzen der Pasta?**

Manche Köche träufeln etwas Öl ins Wasser, bevor sie die Pasta hineingeben. Dies hat auch den Vorteil, daß die Nudeln nicht so leicht überkochen. Normalerweise ist dies jedoch nur bei breiten Pastaformen wie Lasagne notwendig. Sobald Sie die Pasta ins sprudelnde Wasser gegeben haben, rühren Sie gründlich um, was Sie während des Kochens noch einige Male wiederholen.

**Wie lange braucht Pasta?**

Frische Pasta ist nach etwa 2-3 Minuten gar, gefüllte Teigtaschen brauchen etwas länger. Bei getrockneter Pasta variiert die Kochzeit dagegen je nach Form und Größe zwischen 4 und 15 Minuten.

**Wie erkennt man, wann die Pasta gar ist?**

Probieren Sie kurz vor Ablauf der empfohlenen Garzeit ein-, zweimal eine Nudel, die Sie mit einer Gabel aus dem Topf holen. Pasta soll *al dente*, das heißt bißfest, sein.

**Kann man Pasta übergaren?**

Zu lange gekocht, wird Pasta zu einer weichen, klebrigen Masse. Sollte dies einmal passieren, führt kein Weg daran vorbei: Sie müssen nochmal von vorn anfangen!

**Wie wird Pasta abgegossen?**

Wenn die Pasta soeben al dente ist, geben Sie sie in ein großes Sieb und schütteln sie kurz. Sie sollte etwas feucht bleiben, damit sie nicht verklebt und sich gleichmäßig mit der Sauce vermischt. Gefüllte Teigwaren werden mit einer Schaumkelle aus dem Wasser gehoben.

**Schreckt man die abgegossene Pasta mit kaltem Wasser ab?**

Nein, denn dadurch würde der Stärkeüberzug abgespült. Ziehen Sie etwas Olivenöl oder Butter unter, damit sie nicht verklebt, und vermischen Sie sie dann mit der Sauce.

**Wann gibt man die Sauce zur Pasta?**

Die Pasta wird gleich nach dem Abgießen mit der Sauce vermischt. Gefüllte Teigwaren, die durch das Mischen leicht beschädigt werden könnten, richtet man auf der Sauce an, oder man gibt diese darüber.

**Wieviel Sauce wird benötigt?**

Nicht zuviel. Die Pasta soll von der Sauce nur überzogen sein und nicht darin schwimmen.

**Welche würzenden Beigaben reicht man zu Pasta?**

Über die meisten Pastagerichte – eine Ausnahme bilden Pastasaucen mit Fisch und Meeresfrüchten – streut man etwas geriebenen Parmesan. Dies geschieht in der Regel erst nach dem Servieren; denn der Geschmack und das Aroma von Parmesan verlieren sich ziemlich schnell. Weitere traditionelle Würzbeigaben sind Pecorino, frisch gemahlener schwarzer Pfeffer, geröstete Pinienkerne (siehe unten) und frisch gehackte Kräuter.

## SO WIRD'S GEMACHT

**Nüsse und Samen rösten**

Man schwenkt sie ohne Zugabe von Fett in der heißen Pfanne, bis sie leicht Farbe angenommen haben.

**Tomaten enthäuten**

Tauchen Sie die Tomaten für 1-2 Minuten in eine große Schüssel mit kochendem Wasser. Danach läßt sich die Haut mühelos abziehen.

**Paprikaschoten enthäuten**

Rösten Sie die halbierten Schoten, Schnittfläche nach unten, 25-30 Minuten im vorgeheizten Ofen bei 200 °C (Gasherd Stufe 6), bis sie schwärzlich angelaufen sind und Blasen werfen. Jetzt nehmen Sie das Blech aus dem Herd, decken das Gemüse mit einem feuchten Küchentuch ab und lassen es abkühlen. Danach löst sich die Haut beinahe von selbst.

**Andünsten**

Die Zutaten werden bei nicht zu starker Hitze einige Minuten unter Rühren gebraten, bis sie glasig, aber noch nicht gebräunt sind.

# REZEPTE

# PESTO-VARIATIONEN

Alle Rezepte sind für 4 Personen berechnet. Äußerst aromatisch und von samtiger Konsistenz, schmeicheln diese Saucen dem Gaumen. Kombinieren Sie sie mit Spaghetti oder langen, flachen Pastaformen wie Trenette, Tagliatelle oder Fettuccine.

- In einem Schraubglas und mit etwas Öl bedeckt, hält sich Pesto im Kühlschrank eine Woche.
- Durch zu langes Mixen werden die Nüsse zu fein gehackt, und der Pesto verliert seine charakteristische Note.

## PESTO VON RUCOLA

50 g Pinienkerne
50 g frische Rucola mit Stielen
1/2-2 Knoblauchzehen, geschält und zerdrückt
50 g Parmesan, frisch gerieben
1 EL Zitronensaft
Salz
9 EL natives Olivenöl extra
Frisch gemahlener schwarzer Pfeffer
25 g Pinienkerne, geröstet
Frisch geriebener Parmesan zum Bestreuen

Alle Zutaten mit Ausnahme des Öls in den Mixer geben. Für 30 Sekunden einschalten, bis die Zutaten grobgehackt sind. Langsam das Öl hinzugießen und alles zu einer glatten Sauce mixen.
Den Pesto unter die Pasta ziehen. Das Gericht nach Geschmack pfeffern, die gerösteten Pinienkerne und den Parmesan darüberstreuen.

- Ersetzen Sie zur Abwechslung die Pinienkerne durch Walnüsse.
- Verwenden Sie rohen Spinat anstelle der Rucola.
- Falls die Sauce zu trocken ist, verlängern Sie sie mit weiterem Öl.

## PESTO VON BASILIKUM

50 g frische Basilikumblätter
1 Knoblauchzehe, durchgepreßt
1 EL Pinienkerne
6 EL natives Olivenöl extra
Salz und frisch gemahlener schwarzer Pfeffer
25 g Parmesan, frisch gerieben, zum Bestreuen

Alle Zutaten außer dem Öl im Mixer 30 Sekunden grob hacken. Das Öl in feinem Strahl dazugießen und weiter mixen, bis man eine geschmeidige Sauce erhält. Die Pasta mit der Sauce vermischen, nach Geschmack würzen und mit dem Parmesan bestreuen.

- Falls die Sauce zu trocken ist, geben Sie weiteres Öl hinzu und mischen das Pesto nochmals einige Sekunden durch.

## PESTO VON PETERSILIE UND HASELNÜSSEN

50 g frische Petersilie ohne Stiele
25 g Parmesan, frisch gerieben
2 Knoblauchzehen, geschält und zerdrückt
1 EL Zitronensaft
Salz und frisch gemahlener schwarzer Pfeffer
6 EL Haselnußöl
6 EL Erdnußöl
2 EL gehackte Haselnüsse

Die Zubereitung erfolgt wie beim Pesto von Basilikum.

## PESTO VON OLIVEN UND PISTAZIEN

50 g ungesalzene Pistazien, geschält
4 Knoblauchzehen, durchgepreßt
1 EL grüne Pfefferkörner in Salzlake, abgetropft
100 g entsteinte Oliven
1 EL Zitronensaft
100 g Parmesan, frisch gerieben
Salz und frisch gemahlener schwarzer Pfeffer
8 EL Olivenöl

Die Zubereitung erfolgt wie beim Pesto von Basilikum.

## PESTO VON SAUERAMPFER

100 g Sauerampfer
50 g Pinienkerne, geröstet
50 g Parmesan, frisch gerieben
2 EL natives Olivenöl extra
Salz und frisch gemahlener schwarzer Pfeffer
Frisch geriebener Parmesan zum Bestreuen

Die Zubereitung erfolgt wie beim Pesto von Basilikum.

## PESTO VON GETROCKNETEN TOMATEN

1 1/2 EL gehackte sonnengetrocknete Tomaten in Öl
2 EL frische, Petersilienblätter
1 1/2 EL entsteinte schwarze Oliven
65 g Pinienkerne
2 Schalotten, gehackt
2 Knoblauchzehen, durchgepreßt
1 EL Zitronensaft
Salz
4 EL natives Olivenöl extra
Salz und frisch gemahlener schwarzer Pfeffer
Frisch geriebener Parmesan zum Bestreuen

Die Zubereitung erfolgt wie beim Pesto von Basilikum.

## PESTO VON GEMISCHTEN KRÄUTERN

100 g frische Petersilie ohne Stiele
15 g frische Basilikumblätter
50 g eingelegte Sardellen, abgetropft und abgespült
3 EL Kapern
2 Knoblauchzehen, durchgepreßt
1 EL gehackte Zwiebel
25 g frische Semmelbrösel
3 EL Zitronensaft
7 EL natives Olivenöl extra
Salz und frisch gemahlener schwarzer Pfeffer

Die Zubereitung erfolgt wie beim Pesto von Basilikum.

## PESTO VON KORIANDER

50 g frische Korianderblätter
1 EL Pinienkerne
1/2-1 TL zerstoßene getrocknete Chilis
1 EL Zitronensaft
8 EL natives Olivenöl extra
Salz und frisch gemahlener schwarzer Pfeffer
Frisch geriebener Parmesan

Die Zubereitung erfolgt wie beim Pesto von Basilikum.



Rechts: Pesto von Rucola

# Öl- und Buttersaucen

Alle Rezepte sind für 4 Personen berechnet. Spaghetti oder eine andere lange, runde Pastaform mit einer Öl- oder Buttersauce, dazu vielleicht ein frischer Salat und reichlich gutes Brot sind die ideale Lösung für ein spontanes Essen. Die Zutaten für die eine oder andere hier vorgestellte Version hat man immer im Haus. Aufgrund ihrer Schlichtheit sind diese Saucen besonders delikat und passen auch exzellent zu gefüllten Teigwaren.

## Öl mit Knoblauch

8 EL natives Olivenöl extra
2 Knoblauchzehen, geschält und fein gehackt
Salz und frisch gemahlener schwarzer Pfeffer
Frisch geriebener Parmesan

Das Olivenöl in einem kleinen Topf bei niedriger Temperatur nur leicht erwärmen. Den Knoblauch hinzufügen und das Öl weitere 30 Sekunden sanft erwärmen. Die heiße Pasta mit dem Knoblauchöl vermischen, nach Geschmack salzen und pfeffern und mit Parmesan bestreuen.

## Öl mit Knoblauch und Kräutern

8 EL natives Olivenöl extra
2 Knoblauchzehen, geschält und fein gehackt
1 EL feingehackte frische Petersilie
1 EL zerpflückte frische Basilikumblätter
Salz und frisch gemahlener schwarzer Pfeffer
Frisch geriebener Parmesan

Das Olivenöl in einem kleinen Topf bei niedriger Temperatur nur leicht erwärmen. Den Knoblauch dazugeben und alles noch 30 Sekunden sanft erwärmen. Die heiße Pasta gründlich mit dem Öl und den Kräutern vermischen. Mit Salz und Pfeffer würzen und mit Parmesan bestreuen.

- Verwenden Sie anstelle von Petersilie und Basilikum 2 EL gehackten frischen Schnittlauch oder Oregano.
- Eine Handvoll geröstete Pinienkerne (siehe Seite 17), zusätzlich untergemischt, verleiht dem Pastagericht eine knackige Note.

## Öl mit Koriander

8 EL natives Olivenöl extra
1 Knoblauchzehe, geschält und fein gehackt
2 EL gehackter frischer Koriander
Salz und frisch gemahlener schwarzer Pfeffer
Frisch geriebener Parmesan

In einem kleinen Topf das Öl bei niedriger Temperatur nur leicht erwärmen, dann den Knoblauch dazugeben und das Öl weitere 30 Sekunden sanft erwärmen. Die heiße Pasta mit dem Öl und dem Koriander vermischen, würzen und mit Parmesan bestreuen.

## Trüffelöl

2 EL Trüffelöl
Frisch geriebener Parmesan
Salz und frisch gemahlener schwarzer Pfeffer

Das Öl in einem kleinen, schweren Topf sanft erwärmen und unter die heiße Pasta mischen. Das Gericht nach Geschmack würzen und mit Parmesan bestreuen.

## Öl mit Knoblauch und Chilis

8 EL natives Olivenöl extra
1 Knoblauchzehe, geschält und zerdrückt
2 TL zerstoßene getrocknete Chilis

In einem kleinen, schweren Topf das Öl bei mäßiger Temperatur erhitzen. Den Knoblauch für 30 Sekunden hineingeben, bis er goldgelb ist, danach mit einem Schaumlöffel herausnehmen und wegwerfen. Die Chilis ins Öl rühren und dieses unter die heiße Pasta ziehen. Würzen und nach Belieben noch etwas Öl darüberträufeln.

## Butter mit Parmesan

100 g Butter
3 EL frisch geriebener Parmesan
Salz und frisch gemahlener schwarzer Pfeffer

Die Butter in einem kleinen Topf bei niedriger Temperatur zerlassen. Unter die heiße Pasta mischen. Den Parmesan unterziehen und zuletzt nach Geschmack salzen und pfeffern.

## Schnittlauchbutter

100 g Butter
15 g frischer Schnittlauch, gehackt
Salz
frisch gemahlener schwarzer Pfeffer
Frisch geriebener Parmesan

In einem kleinen Topf die Butter auf niedriger Stufe schmelzen. Den Schnittlauch einrühren und die Mischung unter die heiße Pasta ziehen. Würzen und mit Parmesan bestreuen.

## Braune Butter mit Knoblauch und Parmesan

100 g Butter
3-4 Knoblauchzehen, geschält und zerdrückt
Frisch gemahlener schwarzer Pfeffer
100 g Parmesan, frisch gerieben

Die Butter in einem schweren Topf erhitzen, bis sie aufschäumt. Den Knoblauch 1-2 Minuten unter ständigem Rühren goldbraun dünsten. Die Pasta mit der Butter vermischen, pfeffern und zuletzt den Parmesan unterziehen.

## Butter mit geröstetem Mohn

100 g Butter
2 1/2 EL Mohnsamen, geröstet (siehe Seite 17)
Salz und frisch gemahlener schwarzer Pfeffer
Frisch geriebener Parmesan

In einem schweren Topf die Butter bei niedriger Temperatur langsam schmelzen und unter die heiße Pasta ziehen. Die Mohnsamen gründlich daruntermischen, das Gericht mild abschmecken und mit Parmesan bestreuen.

Links: Öl mit Knoblauch und Chilis

# SAUCEN MIT SAHNE, EIERN UND KÄSE

Alle Rezepte für 4 Personen

## Sahnesauce mit schwarzen Oliven

3 EL entsteinte schwarze Oliven
2 frische Thymianstengel, nur die abgestreiften Blättchen
1 TL getrocknete Kräutermischung
4 kleine Gewürzgurken (Cornichons)
1 Knoblauchzehe, geschält
1 EL Olivenöl
40 g Butter
600 ml Sahne oder Crème fraîche

Oliven, Thymian, getrocknete Kräuter, Gurken und Knoblauch mit dem Öl im Mixer zu einer Paste verarbeiten. Die Butter in einem kleinen Topf bei niedriger Temperatur zerlassen. Die Paste dazugeben und alles gründlich vermischen. Die Sahne oder Crème fraîche einrühren und die Sauce etwa 5 Minuten kochen, bis sie leicht eingedickt ist. Mit der heißen Pasta vermischen und servieren.

- Die sahnige und zugleich würzige Sauce paßt besonders gut zu Fettuccine. Reichen Sie dazu einen knackigen grünen Salat.

## Carbonara

50 g Butter oder 4 EL Olivenöl
100 g Pancetta oder anderen geräucherten, durchwachsenen Bauchspeck, ohne Schwarte in feine Streifen geschnitten
4 Eigelb
1 EL Milch
40 g Pecorino, frisch gerieben
Salz und frisch gemahlener schwarzer Pfeffer

Butter oder Öl in einer schweren Pfanne bei niedriger Temperatur erhitzen. Den Speck 10 Minuten braten, bis er zart gebräunt ist – er darf nicht anbrennen –, danach mit einer Schaumkelle herausnehmen und in eine tiefe, vorgewärmte Schüssel geben. Die Eigelbe mit der Milch und dem Pecorino in einer kleinen Schüssel leicht mit einer Gabel verquirlen und über den Speck gießen. Die heiße Pasta dazugeben und alles gründlich vermischen. Zuletzt nach Geschmack würzen und mit Parmesan bestreuen.

- Wie viele Kombinationen von Eiern und Speck findet auch dieser Klassiker stets großen Anklang. Servieren Sie die herzhafte Sauce mit Bucatini oder Spaghetti und dazu einen Tomatensalat.

## Kräutersauce mit Eigelb

2 EL gehackte frische Petersilie
2 EL gehacktes frisches Basilikum
2 EL gehackter frischer Kerbel
2 EL gehackter frischer Schnittlauch
1 TL gehackte Kapern
6 hartgekochte Eigelb, abgekühlt und durch ein Sieb gestrichen
6 EL natives Olivenöl extra
Salz und frisch gemahlener schwarzer Pfeffer

Dies ist eines der einfachsten und zugleich raffiniertesten Rezepte in diesem Buch. Conchiglie oder Fusilli sind die ideale Pasta für die Sauce. Alle Zutaten in einer Schüssel vermischen. Die Sauce würzen und unter die heiße Pasta ziehen.

## Sahnesauce mit Steinpilzen und Sherry

20 g getrocknete Steinpilze
90 ml Sherry
90 ml Madeira
40 g Butter
2 Knoblauchzehen, durchgepreßt
2 Schalotten, fein gehackt
350 ml Crème double
Salz und frisch gemahlener schwarzer Pfeffer
1 1/2 EL gehackter frischer Schnittlauch

Die Steinpilze im Sherry und Madeira 15 Minuten einweichen. Danach vorsichtig abgießen, so daß etwaige Erdpartikel im Gefäß zurückbleiben, und die Marinade auffangen.
Die Butter in einer schweren Pfanne bei mäßiger Temperatur zerlassen. Knoblauch und Schalotten 3 Minuten sanft dünsten. Die Steinpilze 1 Minute mitbraten. Die Temperatur erhöhen und die Crème double mit der Pilzmarinade einrühren. Die Sauce noch etwa 5 Minuten kochend eindicken lassen. Zuletzt würzen, die heiße Pasta untermischen und mit dem Schnittlauch bestreuen.

- Balsam für die Genießerseele! Mit Pappardelle oder einer anderen langen, flachen Pastasorte und einem Rucola-Salat als Beilage ist die Sauce der vollendete Genuß.

## Gorgonzolasauce mit Broccoli und Mandeln

225 g kleine Broccoliröschen
1 EL Olivenöl
1 kleine Zwiebel, fein gehackt
150 ml trockener Weißwein
4 EL Crème double
Salz und frisch gemahlener schwarzer Pfeffer
100 g Gorgonzola, in kleine Stücke geschnitten
2 EL gehobelte Mandeln, geröstet

Die Broccoli 3-4 Minuten in kochendem Salzwasser garen. Abgießen und in einer vorgewärmten Schüssel beiseite stellen.
Das Öl in einem schweren Topf erhitzen. Die Zwiebel 3 Minuten sanft dünsten, dann den Wein und die Crème double dazugeben. Alles aufkochen und leicht eindicken lassen. Nach Geschmack salzen und pfeffern und den Käse einrühren.
Die heiße Pasta mit dem Broccoli vermischen, dann vorsichtig die Sauce unterziehen. Das Gericht mit den gerösteten Mandeln bestreuen und servieren. (Abbildung Seite 26)

- Formen, Farben und Konsistenz der Zutaten bilden bei dieser wunderbaren Sauce eine vollendete Harmonie. Sie verlangt eine größere Pastaform wie Penne. Stellen Sie reichlich Brot zum Auftunken der Sauce bereit!



Rechts: Spaghetti Carbonara

## Gorgonzolasauce mit Rotwein und Walnüssen

350 ml Crème double
90 ml Rotwein
350 g Gorgonzola, zerkrümelt
Salz und frisch gemahlener Pfeffer
150 g Walnußstücke, geröstet (siehe Seite 17) und gehackt
4-6 EL frische Petersilie, gehackt

Die Crème double in einem großen Topf aufkochen lassen. Den Wein hinzugießen und alles bei verringerter Temperatur 5 Minuten köcheln lassen. Den Käse einrühren. Alles weitere 3 Minuten köcheln lassen, bis der Käse geschmolzen ist und man eine sämige Sauce erhält. Salzen und pfeffern. Die heiße Pasta unter die Sauce mischen, mit den Walnüssen und der Petersilie bestreuen und servieren.

- Mischen Sie diese üppige, samtige Sauce mit Pappardelle, und bereiten Sie dazu einen Salat aus Radicchio, Endivie und Bleichsellerie.

## Pikante Tomatensauce mit Mozzarella

3 EL Olivenöl
4 Knoblauchzehen, geschält und fein gehackt
1 frische rote Chilischote, entkernt und gehackt
450 g reife Tomaten, enthäutet (siehe Seite 17), entkernt und gehackt
Salz und frisch gemahlener schwarzer Pfeffer
100 g Mozzarella, in 1 cm große Würfel geschnitten

Das Öl in einen schweren Topf geben und den Knoblauch mit der Chili bei mäßiger Temperatur 1 Minute dünsten – er darf dabei nicht anbrennen. Die Tomaten hinzufügen, salzen und pfeffern. Bei erhöhter Temperatur 4 Minuten garen, dabei gelegentlich rühren. Die Sauce mit dem Mozzarella unter die heiße Pasta mischen und das Gericht sogleich genießen.

- Die Kombination von Rot und Weiß sieht ausgesprochen hübsch aus. Fusilli und warme Ciabatta (italienisches Fladenbrot) ergänzen die Sauce perfekt.

## Sahnige Käsesauce mit Walnüssen

100 ml Crème double
175 g Dolcelatte (italienischer Blauschimmelkäse)
50 g Walnußstücke, gehackt
Salz und frisch gemahlener schwarzer Pfeffer
1 EL zerpflückte frische Basilikumblätter

Die Crème double mit dem Käse in einem schweren Topf bei mäßiger Temperatur erhitzen, dabei ständig rühren. Wenn der Käse geschmolzen ist und sich eine glatte Sauce ergibt, die Walnüsse gründlich einrühren. Den Topf vom Herd nehmen. Das Basilikum einrühren und die heiße Pasta unter die Sauce mischen.

- Begleitet von einem Endiviensalat, ist diese herrlich nussige Sauce ein exquisiter Genuß. Reichen Sie zum Auftunken der restlichen Sauce vom Teller italienisches Weißbrot.
- Probieren Sie diese Sauce zur Abwechslung mit Pecannüssen.

## Ricotta-Tomaten-Sauce

5 EL natives Olivenöl extra
4 Frühlingszwiebeln, gehackt, oder 5 EL gehackter frischer Schnittlauch
225 g Ricotta, zerkrümelt oder gewürfelt
3 EL frisch geriebener Parmesan, dazu weiterer Parmesan zum Servieren
4 reife Tomaten, enthäutet (siehe Seite 17), entkernt und gewürfelt
6 EL zerpflückte frische Basilikumblätter
Salz und frisch gemahlener schwarzer Pfeffer

In einem schweren Topf das Öl bei niedriger Temperatur erhitzen. Zwiebeln oder Schnittlauch, Ricotta und Parmesan dazugeben. Alles gründlich vermischen und 1 Minute kochen. Tomaten und Basilikum einrühren, salzen und pfeffern. Die Sauce vom Herd nehmen, sobald sie warm wird, mit der heißen Pasta vermischen und weiteren Parmesan darüberstreuen.

- Ein vorzügliches leichtes Abendessen. Servieren Sie die Sauce mit Linguine und einem Salat aus Rucola und frisch gehobeltem Pecorino.

## Pfeffrige Ricotta-Butter-Sauce

100 g Butter
550 g Ricotta, zerkrümelt
Salz
Gemischte Pfefferkörner, frisch gemahlen

Die Butter bei mäßiger Temperatur in einem kleinen Topf schmelzen und über die heiße Pasta gießen. Die Ricotta darüberstreuen, salzen und alles gründlich vermischen. Dazu frisch gemahlene verschiedenfarbige Pfefferkörner reichen.

- Leicht und zart, harmoniert diese Kombination perfekt mit Tagliatelle. Ein knackiger grüner Salat macht das Essen komplett.

## Mascarpone-Walnuss-Sauce

50 g Butter
1 Knoblauchzehe, geschält und zerdrückt
200 g Walnußstücke
250 g Mascarpone
60 g Parmesan, frisch gerieben
Salz und frisch gemahlener schwarzer Pfeffer

Die Butter in einem schweren Topf bei mäßiger Temperatur zerlassen. Den Knoblauch in 30 Sekunden goldgelb braten. Die Walnüsse dazugeben und 3-4 Minuten in der Butter schwenken. Den Mascarpone einrühren, bis er völlig geschmolzen ist. Den Parmesan unterziehen, die Sauce salzen und pfeffern und mit der heißen Pasta vermischen.

- Mit großen Penne angerichtet, entfaltet die cremig-knackige Kombination ihren ganzen Reiz. Servieren Sie zu diesem Gericht einen Spinatsalat mit Speck

## Samtige Sauce mit Ei und Kapern

25 g Butter, zimmerwarm
3 Eier, leicht verquirlt
100 g Pecorino, frisch gerieben
1 EL Kapern, abgetropft und abgespült
1 EL gehackte frische Petersilie
Salz und frisch gemahlener Pfeffer

Alle Zutaten in einer Schüssel sorgfältig vermischen. Die Sauce nach Geschmack salzen und pfeffern und unter die heiße Pasta ziehen.

Links: Gorgonzolasauce mit Broccoli und gerösteten Mandeln (Rezept Seite 24)

## Zitronensauce

250 ml Crème double
25 g Butter
2 EL abgeriebene Schale von unbehandelten Zitronen
2 EL frisch geriebener Parmesan
1 EL Pinienkerne, geröstet
Salz und frisch gemahlener schwarzer Pfeffer

Die Crème double mit der Butter und der Zitronenschale in einem kleinen Topf zum Kochen bringen. Beim ersten Aufwallen die Temperatur herunterschalten. Den Parmesan und die Pinienkerne einrühren. Die Sauce abschmecken und unter die heiße Pasta ziehen.

- Zitronenschale verleiht der delikaten Sahnesauce eine ungewöhnlich pikante Note. Fettuccine bringen sie voll zur Entfaltung, ein Radicchio-Salat ist ein aparter Kontrast.

## Ricotta-Sauce mit frischen Kräutern

450 g Ricotta
2 EL frisch geriebener Parmesan
2 EL gehackte frische Petersilie
2 EL gehacktes frisches Basilikum
2 EL gehackter frischer Schnittlauch
2 EL gehackter frischer Oregano
Salz und frisch gemahlener schwarzer Pfeffer

Käse und Kräuter in einer Schüssel vermischen. Die Sauce nach Geschmack salzen und pfeffern und unter die heiße Pasta ziehen.

- Reichlich frische Kräuter und Ricotta verbinden sich zu einer leichten Sauce für ein Abendessen, das nicht belastet. Servieren Sie sie mit Conchiglie und einem Spinatsalat.

## Crème fraîche und getrocknete Tomaten

250 ml Crème fraîche
5 EL konzentriertes Tomatenmark
6 sonnengetrocknete Tomaten in Öl, abgetropft und in Streifen geschnitten
Frisch gemahlener schwarzer Pfeffer

Crème fraîche und Tomatenmark gründlich verrühren. Die Tomaten unterziehen. Die Sauce nach Belieben pfeffern und mit der heißen Pasta vermischen.

- Erinnerungen an sonnige Tage werden wach, wenn man diese Sauce mit Penne oder Rigatoni genießt. Lecker ist dazu ein Salat aus Frisée, Endivie und frischem Basilikum.
- Auch zu kalter Pasta oder als Beigabe zu anderen Gerichten schmeckt diese Sauce vorzüglich.

## Tomatensauce mit Ziegenkäse

700 g reife Tomaten, enthäutet, entkernt und gehackt
4 EL grobgehacktes frisches Basilikum
150 g Ziegenfrischkäse, zerkrümelt
6 EL natives Olivenöl extra
Salz und frisch gemahlener schwarzer Pfeffer

Alle Zutaten in einer großen Schüssel vermengen. Die Sauce abschmecken und mit der heißen Pasta vermischen.

- Kombinieren Sie diese sommerliche Sauce mit Tagliatelle und einem Salat aus Tomaten, Zwiebel und saftigen schwarzen Oliven.
- Ziegenkäse mit Kräutern und Knoblauch bildet eine reizvolle Alternative zu einfachem Ziegenfrischkäse.

## Sauce mit drei Käsesorten

20 g Butter
50 g Dolcelatte (italienischer Blauschimmelkäse) oder Gorgonzola, feingewürfelt
100 g Mascarpone
75 g Parmesan, frisch gerieben
1/4 TL frisch geriebene Muskatnuß
10 große frische Basilikumblätter, zerpflückt

Die Butter in einem schweren Topf bei mäßiger Temperatur erhitzen. Die verschiedenen Käsesorten hinzufügen und alles gründlich verrühren. Die Sauce mit der heißen Pasta vermischen und zuletzt die Muskatnuß und das Basilikum darüberstreuen.

- Mit kleinem Aufwand erzielen Sie hier große Wirkung. Grüne Tagliatelle oder Fettuccine und ein Radicchio-Salat bilden die perfekte Ergänzung.
- Mit 1 EL gehobelten, gerösteten Mandeln oder gehackten Walnüssen angereichert, schmeckt die Sauce noch interessanter.



Rechts: Sauce mit drei Käsesorten

# GEMÜSESAUCEN

Alle Rezepte für 4 Personen

## Tomatensauce mit getrockneten Tomaten

1 EL Olivenöl
1 Knoblauchzehe, geschält und zerdrückt
400 g Dosentomaten, abgetropft und gehackt
1 TL Tomatenmark
125 ml Crème double
1 EL feingehackte sonnengetrocknete Tomaten in Öl
1 TL gehackte frische Petersilie
Salz und frisch gemahlener schwarzer Pfeffer

Das Öl in einem schweren Topf erhitzen und den Knoblauch in 30 Sekunden blond schwitzen. Die Dosentomaten dazugeben und bei erhöhter Temperatur 5 Minuten kochen. Die Temperatur wieder herunterschalten. Tomatenmark, Crème double und getrocknete Tomaten einrühren und alles noch 3 Minuten köcheln lassen.
Die Sauce mit der Petersilie sowie Salz und Pfeffer würzen und mit der heißen Pasta vermischen.

- Diese einfache Sauce hat ein überwältigendes Aroma. Dazu passen Penne und ein Salat aus grünen Bohnen.

## Feurige Sauce mit schwarzen Oliven

185 g entsteinte schwarze Oliven, gehackt
5 EL natives Olivenöl extra
1/2 TL zerstoßene getrocknete Chilis
2 Knoblauchzehen, geschält und fein gehackt
1 EL gehackte frische Petersilie
Salz und frisch gemahlener Pfeffer

Die Oliven mit 2 EL Öl, den Chilis und dem Knoblauch in einer Schüssel vermischen und über Nacht marinieren lassen.
Am nächsten Tag das restliche Öl in einem schweren Topf erhitzen. Die Oliven mit der Marinade, die Petersilie und etwas Salz dazugeben. Die Sauce 5 Minuten köcheln lassen. Nach Geschmack pfeffern und unter die heiße Pasta ziehen.

- Durch das lange Marinieren wird der kräftige Olivengeschmack noch verstärkt. Linguine und ein Tomatensalat sind die ideale Ergänzung.
- Wichtig für die Planung: Die Oliven werden über Nacht mariniert.

## Sauce von Austernpilzen chinesische Art

4 EL Sesamöl
1 Stange Lauch, längs in sehr feine Streifen geschnitten
12 Frühlingszwiebeln, nur das Grün, gehackt
1 Knoblauchzehe, geschält und zerdrückt
2 EL Sojasauce
125 ml frisch gepreßter Orangensaft
Stückchen fein abgeschälte Zitronenschale
1/2 TL Zucker
1 TL Sherry-Essig
125 g Austernpilze
1/4 TL Fünf-Gewürz-Pulver
Salz und frisch gemahlener schwarzer Pfeffer
2 EL Sesamsamen, geröstet (siehe Seite 17)

In einer Pfanne 2 EL Sesamöl erhitzen. Den Lauch unter ständigem Rühren braten, bis er kräftig gebräunt und knusprig ist. Mit einer Schaumkelle herausnehmen, auf Küchenpapier abtropfen lassen und warm stellen.
Das restliche Sesamöl in einer großen Pfanne erhitzen. Frühlingszwiebeln und Knoblauch 1–2 Minuten sanft dünsten. Sojasauce, Orangensaft, Zitronenschale, Essig und Zucker dazugeben. Das Ganze aufwallen lassen und 2–3 Minuten kochen. Die Austernpilze mit dem Fünf-Gewürz-Pulver hinzufügen. Alles bei mäßiger Temperatur eine Minute vermischen.
Die Sauce mit Salz und Pfeffer würzen und unter die heiße Pasta ziehen. Mit geröstetem Sesam bestreuen und den knusprigen Lauch dazu reichen.

- Viel Geschmack bei wenig Kalorien! Zu Capellini und einem Salat aus Brunnenkresse und Orangen ein besonderer Genuß.
- Sehr delikat auch zu kalter Pasta.

## Sauce von gemischten Pilzen

25 g getrocknete Steinpilze
150 ml trockener Weißwein
100 g Butter
1 Zwiebel, gehackt
1 Knoblauchzehe, geschält und zerdrückt
1 EL gehackte frische Petersilie
1 EL zerpflückte frische Basilikumblätter
1 TL Tomatenmark
450 g gemischte frische Champignons und Austernpilze, nur die Champignons grob gehackt
Salz und frisch gemahlener schwarzer Pfeffer
1 EL Mehl
125 ml frische Fleischbrühe (auch als Konserve erhältlich)
1 TL Dijon-Senf
Frisch geriebener Parmesan

Die Steinpilze in einer Schüssel mit heißem Wasser bedecken und 30 Minuten einweichen. Vorsichtig abgießen, so daß etwaige Erdpartikel in der Schüssel zurückbleiben, und 120 ml der Flüssigkeit beiseite stellen.
Den Wein in einem kleinen Topf 4 Minuten köcheln lassen und beiseite stellen.
Die Hälfte der Butter in einem schweren Topf zerlassen und die Zwiebel glasig dünsten, jedoch nicht bräunen. Den Knoblauch mit den Kräutern 1 Minute mitdünsten. Das Tomatenmark einrühren und die Mischung weitere 30 Sekunden kochen. Die abgetropften Steinpilze in der Pfanne 5 Minuten unter Rühren braten. Dann die frischen Pilze dazugeben und bei mäßiger Temperatur 5 Minuten garen, dabei häufig durchmischen. Würzen und alles auf kleinster Stufe noch 5 Minuten köcheln lassen.
Inzwischen die restliche Butter in einem schweren Topf schmelzen und das Mehl unterziehen. Den Topf vom Herd nehmen und die Brühe mit dem Pilzwasser gründlich einrühren. Den Wein dazugießen. Die Sauce unter ständigem Rühren 10 Minuten kochen und zuletzt mit dem Senf aromatisieren. Über die Pilze gießen und alles gründlich vermischen.
Die heiße Pasta mit der Sauce vermengen, nochmals abschmecken und mit Parmesan bestreuen.

- Getrocknete Steinpilze haben ein wundervolles, erdiges Aroma und gelten zu Recht als Delikatesse. Genießen Sie diese Sauce mit Tagliatelle, einem knackigen grünen Salat und Focaccia oder anderem italienischem Brot.

## Sommersauce

1 kg reife Eiertomaten, enthäutet (siehe Seite 17), entkernt und gehackt
6 EL natives Olivenöl extra
1/2 EL gehackter frischer Oregano
2 EL gehacktes frisches Basilikum
2 EL gehackte frische Petersilie
2 EL gehackte entsteinte schwarze Oliven
2 Knoblauchzehen, geschält und fein gehackt
Salz und frisch gemahlener schwarzer Pfeffer
1/2 TL Zucker

Alle Zutaten in einer Schüssel gründlich vermischen. Die Sauce bei Zimmertemperatur mindestens 2 Stunden ziehen lassen. Abschmecken und mit der heißen Pasta vermischen.

- Eine kalorienarme, vitaminreiche Sauce, die Sie am besten mit Farfalle oder Spaghetti und einem frischen grünen Salat servieren.
- Bereiten Sie die Sauce frühzeitig zu, damit sich die Aromen richtig entfalten können.

### Würzige Kräutersauce

4 EL Olivenöl
2 Knoblauchzehen, geschält und gehackt
1 Zwiebel, fein gehackt
2 EL gehackte frische Petersilie
2 EL gehackte frische Minze
1/2 TL gemahlener Zimt
1 EL Zitronensaft
Salz und frisch gemahlener schwarzer Pfeffer
1 EL gehackter frischer Koriander
1-2 EL Pinienkerne, geröstet (siehe Seite 17)

Das Öl in einer schweren Pfanne erhitzen. Knoblauch und Zwiebel in 5 Minuten goldgelb braten. Petersilie, Minze, Zimt und Zitronensaft gründlich einrühren, alles salzen und pfeffern. Die heiße Pasta unter die Sauce mischen. Mit Koriander und Pinienkernen bestreuen.

- Minze und Zimt verleihen der Sauce Anklänge an die Küche des Nahen Ostens. Vorzüglich mit Penne oder Maccheroni und dazu einer frischen Kombination aus Kopfsalat und Gurke.
- Auch mit kalter Pasta zu kombinieren.

### Sauce von roten Zwiebeln und schwarzen Oliven

4 EL Olivenöl
2 rote Zwiebeln, halbiert und in Scheiben geschnitten
1 TL Zucker
3 EL Balsamessig
2 EL schwarze Oliven, entsteint, halbiert
Salz und frisch gemahlener schwarzer Pfeffer
15 g Butter
1 EL gehackte frische Petersilie

In einer großen, schweren Pfanne das Öl erhitzen. Die Zwiebeln dazugeben und rühren, bis sie gleichmäßig vom Öl überzogen sind. Mit dem Zucker bestreuen und 5 Minuten glasig dünsten. Essig und Oliven hinzugeben und die Sauce noch 2 Minuten köcheln lassen.
Vom Herd nehmen, die Butter und dann die Petersilie einrühren. Mit Salz und Pfeffer abschmecken und mit der heißen Pasta vermischen. (Abbildung Seite 37)

- Ein zart-würziger Geschmack mit lieblicher Note. Dazu schmecken Fettuccine, Linguine oder Spaghetti und ein Brunnenkressesalat.

### Sahnesauce mit Erbsen und Speck

1 EL Olivenöl
1 dicke Scheibe geräucherter Bauchspeck, gewürfelt
1 Zwiebel, fein gehackt
1 Knoblauchzehe, geschält und gehackt
350 g tiefgefrorene Erbsen
350 ml Crème double
15 g frische Basilikumblätter, zerpflückt
Salz und frisch gemahlener schwarzer Pfeffer
Frisch geriebener Parmesan

Das Öl in einer schweren Pfanne erhitzen und den Speck 1 Minute ausbraten. Zwiebel und Knoblauch in 3–4 Minuten glasig dünsten. Inzwischen die Erbsen in kochendem Salzwasser garen und abgießen. Zum Speck geben, die Crème double hinzufügen und alles noch 5 Minuten köcheln lassen.
Die Sauce mit dem Basilikum, Salz und Pfeffer würzen. Die heiße Pasta untermischen und mit Parmesan bestreuen.

- Fusilli oder Spaghetti passen am besten zu dieser zarten Sauce, bei der die einzelnen Geschmackskomponenten wunderbar zur Geltung kommen.

### Tomatensauce mit Rucola uns Basilikum

6 EL natives Olivenöl extra
450 g reife Tomaten, enthäutet (siehe Seite 17), entkernt und grobgehackt
40 g Rucola, grobgehackt
1 EL grobgehacktes frisches Basilikum
4 Knoblauchzehen, fein gehackt
1/2 TL feiner Zucker
1/2 TL Rotweinessig
Salz und frisch gemahlener schwarzer Pfeffer

Alle Zutaten in einer großen Schüssel vermischen. Die Sauce bei Zimmertemperatur 2-3 Stunden ziehen lassen.
Mit der heißen Pasta vermischen und sogleich servieren.

- Servieren Sie diese klassische, sommerliche Komposition mit röhrenförmiger Pasta wie Penne oder Rigatoni.
- Die Sauce muß mindestens 2-3 Stunden ziehen, damit sie ihren vollen Geschmack entfaltet.
- Diese Sauce schmeckt auch mit kalter Pasta ganz köstlich.

### Sauce von Broccoli und Semmelbröseln

450 g kleine Broccoliröschen
4 EL natives Olivenöl extra
3 Knoblauchzehen, geschält und zerdrückt
100 g getrocknete Semmelbrösel
50 g Parmesan, frisch gerieben, dazu weiterer Parmesan zum Servieren
1 EL Zitronensaft
Salz und frisch gemahlener schwarzer Pfeffer

Den Broccoli 3–4 Minuten dämpfen – er soll noch Biß haben. In einer vorgewärmten Schüssel beiseite stellen.
Das Öl in einem schweren Topf erhitzen. Den Knoblauch 30 Sekunden dünsten. Semmelbrösel und Parmesan dazugeben und alles noch 2–3 Minuten braten, dabei ständig rühren, bis die Mischung goldgelb und knusprig ist.
Die Broccoli mit dem Zitronensaft beträufeln und die Semmelbröselmischung darüber verteilen. Salzen und pfeffern, weiteren Parmesan und die Pinienkerne darüberstreuen. Die Sauce auf einer Platte über der heißen Pasta verteilen und servieren.

- Die herzhafte, leicht knusprige Mischung schmeckt exzellent zu Conchiglie oder Fusilli.



Rechts: Sauce von geröstetem Gemüse (Rezept Seite 39)

## Sahnesauce mit Lauch und Schinken

250 g Butter
5 mittelgroße Lauchstangen, in 5 mm dicke Scheiben geschnitten
4 Schalotten, in Scheiben geschnitten
4 Knoblauchzehen, geschält und zerdrückt
300 ml Crème double
175 ml frische Hühnerbrühe (auch als Konserve erhältlich)
40 g Prosciutto, in Streifen geschnitten
Salz und frisch gemahlener schwarzer Pfeffer

Die Butter in einem schweren Topf zerlassen. Lauch, Schalotten und Knoblauch 5 Minuten weich dünsten.
Crème double, Hühnerbrühe und Prosciutto (ersatzweise einen anderen gekochten Schinken) einrühren. Die Temperatur herunterschalten und die Sauce 20 Minuten sanft köcheln lassen. Mit Salz und Pfeffer abschmecken, die Petersilie einrühren und die heiße Pasta unter die Sauce mischen.

- Das kräftige Schinkenaroma bildet einen reizvollen Kontrast zum zarten Geschmack von Lauch und Sahne. Ideal dazu sind Spaghetti oder Linguine.

## Sauce mit dicken Bohnen und Schinken

2 EL Olivenöl
4 Scheiben Räucherspeck ohne Schwarte, gewürfelt
1 Zwiebel, gehackt
2 Knoblauchzehen, geschält und zerdrückt
2 Stangen Bleichsellerie, gehackt
450 g zarte, frische dicke Bohnen (ersatzweise aus der Tiefkühltruhe)
100 g gekochter Schinken, in Streifen geschnitten
3 EL gehackte frische Petersilie
Salz und frisch gemahlener schwarzer Pfeffer

Das Öl in einem schweren Topf erhitzen. Speck, Zwiebel, Knoblauch und Sellerie 10–12 Minuten sanft dünsten.
Unterdessen die Bohnen 5 Minuten in sprudelndem Salzwasser garen, bis sie weich sind, abgießen und zur Speckmischung geben. Den gekochten Schinken einrühren, die Petersilie einstreuen, alles salzen und pfeffern. Die heiße Pasta daruntermischen und servieren.

- Penne oder Spaghetti runden die deftige Sauce gelungen ab, die auch farblich sehr ansprechend ist.

## Nudelsalat mit Frühlingsgemüse

100 g Fusilli
1 EL Olivenöl
75 g Spargelspitzen
50 g Erbsen (frisch ausgehülst oder tiefgefroren)
1 Broccolo, in kleine Röschen geteilt
300 ml Crème fraîche
2 EL Meerrettichsauce (Fertigprodukt)
1 EL Zitronensaft
Salz und frisch gemahlener schwarzer Pfeffer
2 gehäufte TL gehackter frischer Schnittlauch

Die Pasta al dente kochen und abgießen. In einer großen Schüssel mit dem Olivenöl vermischen und beiseite stellen.
Das gesamte Gemüse 4 Minuten dämpfen und mit kaltem Wasser abbrausen, damit es seine intensive Farbe behält.
Crème fraîche, Meerrettichsauce und Zitronensaft in einer kleinen Schüssel verrühren und unter die Pasta ziehen. Das Ganze mit Salz und Pfeffer herzhaft abschmecken. Das Gemüse daruntermischen und zuletzt mit dem Schnittlauch bestreuen.

- Ersetzen Sie die Erbsen zur Abwechslung durch zarte, frische dicke Bohnen.
- Eine Handvoll entsteinte schwarze Oliven bereichert den Salat geschmacklich und farblich.
- Etwas gehackte frische Minze gibt dem Salat eine aparte Note.
- Servieren Sie den Salat möglichst nicht direkt aus dem Kühlschrank, sondern zimmerwarm.

## Sauce von Fenchel und Pancetta

1 EL Olivenöl
2 Fenchelknollen, in Scheiben geschnitten
1 Zwiebel, in Scheiben geschnitten
2 1/2 EL gehackte Pancetta (italienischer Bauchspeck)
1 kg reife Tomaten, enthäutet (siehe Seite 17), entkernt und gehackt
15 g frische Basilikumblätter, zerpflückt
1 EL Zitronensaft
Salz und frisch gemahlener schwarzer Pfeffer
Einige kleine Basilikumblättchen zur Garnierung

In einem schweren Topf das Olivenöl erhitzen. Fenchel, Zwiebel und Speck 6 Minuten unter Rühren braten. Die Tomaten mit dem Basilikum dazugeben und 3–4 Minuten garen, bis sie weich sind. Den Zitronensaft sowie Salz und Pfeffer nach Geschmack einrühren. Die Pasta untermengen und das Ganze mit den Basilikumblättchen bestreuen.

- Die charakteristischen Aromen von Fenchel und Pancetta gehen eine perfekte Verbindung ein. Besonders gut mit Maltagliati (flache, in unregelmäßige Rauten geschnittene Pasta).



Rechts: Sauce von roten Zwiebeln und schwarzen Oliven (Rezept Seite 34)

Zucchinisauce mit Knoblauch und gerösteten Semmelbröseln

## Auberginensauce

1 große Aubergine, geschält und in Scheiben geschnitten
Salz
4 EL Olivenöl
2 Knoblauchzehen, geschält und zerdrückt
2 EL Tomatenmark
5 Tomaten, enthäutet (siehe Seite 17), entkernt und gehackt
3 sonnengetrocknete Tomaten in Öl, abgetropft und in Streifen geschnitten
1 EL Zitronensaft
2 EL Pinienkerne, geröstet
2 EL Sonnenblumenkerne, geröstet (siehe Seite 17)
1 TL zerstoßene getrocknete Chilis
Frisch gemahlener schwarzer Pfeffer
4 EL gehackter frischer Koriander

Die Auberginenscheiben salzen und 1 Stunde abtropfen lassen. Trockentupfen und würfeln.
Das Olivenöl in einem schweren Topf erhitzen und den Knoblauch 30 Sekunden braten. Das Tomatenmark und dann die Auberginenwürfel einrühren und 1 Minute sanft dünsten, bis sie weich, aber noch nicht musig sind. Die frischen und getrockneten Tomaten, den Zitronensaft, die Pinien- und Sonnenblumenkerne und die Chilis hinzufügen und alles gründlich vermischen. Salzen und pfeffern und 5 Minuten kochen. Die Sauce mit dem Koriander bestreuen und mit der heißen Pasta vermischen.

- Exzellent schmeckt diese herzhaft-erfrischende Komposition mit Pappardelle oder Fettuccine.
- Die Aubergine muß vor der Zubereitung der Sauce 1 Stunde entwässert werden.

## Spinatsauce

25 g Spinatblätter ohne Stiele, gewaschen
25 g Butter
1 Knoblauchzehe, geschält und zerdrückt
40 g Mehl
250 ml Milch
Kräftige Prise frisch geriebene Muskatnuß
2 EL frisch geriebener Parmesan
Salz und frisch gemahlener schwarzer Pfeffer

Den tropfnassen Spinat 4-5 Minuten garen und dann ausdrücken, dabei 2 EL der Flüssigkeit auffangen.
Die Butter in kleinen Topf zerlassen und den Knoblauch 30 Sekunden braten. Das Mehl einstreuen und gründlich verrühren. Nach und nach die Milch angießen und dabei ständig weiter rühren. Die Sauce einmal aufkochen und dann 2–3 Minuten unter gelegentlichem Rühren köcheln lassen. Den Spinat, das aufgefangene Gemüsewasser, die Muskatnuß und den Parmesan hinzufügen. Das Ganze in den Mixer geben und 30 Sekunden vermischen. Abschmecken und mit der heißen Pasta vermengen.

- Pappardelle passen an besten zu der leichten, cremigen Sauce.

## Zucchinisauce mit Knoblauch und Semmelbröseln

5 EL Olivenöl
3 Knoblauchzehen, geschält und gehackt
450 g Zucchini, grobgewürfelt
Salz und frisch gemahlener schwarzer Pfeffer
5 EL getrocknete Semmelbrösel
2 EL Parmesan, frisch gerieben

In einer schweren Pfanne 3 EL Olivenöl erhitzen. Die Zucchini mit 2/3 des Knoblauchs dazugeben, salzen und pfeffern. Das Ganze unter ständigem Rühren braten, bis die Zucchiniwürfel am Rand weich werden. Aus der Pfanne nehmen und auf Küchenpapier abtropfen lassen.
Die Semmelbrösel mit dem restlichen Knoblauch in der Pfanne in 2 EL Olivenöl rösten, bis sie nach etwa 1 Minute goldbraun sind. Die Zucchini dazugeben und alles noch 1 Minute bei sanfter Hitze unter Rühren braten. Abschmecken, mit der heißen Pasta vermischen und mit dem Parmesan bestreuen.

- Diese Sauce schmeckt nicht nur ausgezeichnet, sondern duftet auch ganz wunderbar. Sie wird am besten mit Farfalle oder Fusilli serviert.

## Sauce von gelben Paprikaschoten und Butter

8 gelbe Paprikaschoten, enthäutet (siehe Seite 17)
250 g Butter, in Stücke geschnitten
Salz und frisch gemahlener schwarzer Pfeffer
1 EL zerpflückte frische Basilikumblätter

Die Paprikaschoten mit der Butter im Mixer zu einer glatten Paste verarbeiten. Die Mischung in einem kleinen Topf 3–4 Minuten langsam erhitzen. Mit Salz und Pfeffer abschmecken, mit der heißen Pasta vermischen und zuletzt das Basilikum darüberstreuen.

- Diese elegante, cremige Zubereitung besticht durch ihr zartes Aroma. Fettuccine und Rucola-Salat ergänzen sie perfekt.

## Sauce von geröstetem Gemüse und Mozzarella

2 Zucchini, in 2,5 cm große Würfel geschnitten
450 g große, reife Tomaten, je nach Größe halbiert oder in dicke Scheiben geschnitten
1 rote Paprikaschote, in breite Streifen geschnitten
1 gelbe Paprikaschote, in breite Streifen geschnitten
2 kleine Auberginen, in dickere Scheiben geschnitten
3 Knoblauchzehen, geschält und gehackt
15 g Basilikumblätter, grobgehackt
Salz und frisch gemahlener schwarzer Pfeffer
3 1/2 EL natives Olivenöl extra
100 g Mozzarella, zerpflückt
5 frische Basilikumblätter, zerpflückt

Den Backofen auf 230 °C (Gasherd Stufe 8) vorheizen. Das Gemüse auf ein Backblech geben und mit dem Knoblauch, dem gehackten Basilikum, Salz und Pfeffer bestreuen. Gleichmäßig mit dem Olivenöl beträufeln und gründlich durchmischen, bis das gesamte Gemüse von Öl überzogen ist. Das Gemüse im vorgeheizten Ofen 1/2 Stunde rösten.
Das Blech aus dem Ofen nehmen und das heiße Gemüse mit dem Mozzarella und dem zerpflückten Basilikum bestreuen. Die heiße Pasta daruntermischen, nach Geschmack nochmals salzen und pfeffern und sofort servieren. (Abbildung Seite 39)

- In dieser ungewöhnlichen Zubereitungsart und verfeinert mit geschmolzenem Mozzarella wird sommerliches Gemüse zu einem unwiderstehlichen Genuß. Servieren Sie die Sauce mit Penne, Conchiglie oder Gnocchi, und reichen Sie dazu einen knackigen Blattsalat.
- Die Sauce schmeckt auch gut mit kalter Pasta.

## Salsa alla Puttanesca

2 EL natives Olivenöl extra
2 Knoblauchzehen, geschält und fein gehackt
10 große, frische Basilikumblätter, gehackt
1 frische rote Chilischote, entkernt und fein gehackt
50 g eingelegte Sardellen, abgetropft
175 g entsteinte schwarze Oliven, grobgehackt
2 EL Tomatenmark
1 EL Kapern, abgetropft ud abgespült
450 g reife Tomaten, enthäutet (siehe Seite 17), entkernt und gehackt
Salz und frisch gemahlener schwarzer Pfeffer
Frisch geriebener Parmesan

Das Öl in einem schweren Topf erhitzen. Den Knoblauch mit dem Basilikum und der Chili 1 Minute dünsten, wobei nichts anbrennen darf. Die restlichen Zutaten dazugeben. Die Sauce 45 Minuten köcheln lassen, dabei gelegentlich umrühren.
Mit der heißen Pasta vermischen und mit Parmesan bestreuen.

- In den engen Gassen Neapels ist diese Sauce beheimatet, die man mit Spaghetti, Bucatini oder Penne rigate genießt.

## Sauce mit grünen Bohnenkernen und Schinken

150 g getrocknete grüne Bohnenkerne (Flageolets), über Nacht eingeweicht
4 EL Olivenöl
100 g gekochter Schinken, in feine Streifen geschnitten
2 Knoblauchzehen, geschält und gehackt
1 EL gehackte frische Petersilie
1 EL gehackter frischer Salbei
1 EL gehackter frischer Rosmarin
1 TL zerstoßene getrocknete Chilis
2 EL trockener Weißwein
75 g Pecorino, frisch gerieben
Salz und frisch gemahlener schwarzer Pfeffer

Die Bohnen abgießen und 1 Stunde in sprudelndem Salzwasser garen, bis sie zart sind. Abgießen und beiseite stellen.
Das Öl in einer schweren Pfanne erhitzen. Den Schinken mit dem Knoblauch, den Kräutern und den Chilis 5 Minuten braten. Die Bohnen mit dem Weißwein dazugeben. Die Mischung noch 6-7 Minuten kochen, dabei gelegentlich rühren. Falls sie zu trocken wird, etwas mehr Wein oder Wasser hinzugießen.
Den Pecorino unterziehen. Die Sauce abschmecken und mit der heißen Pasta vermischen.

- Mit Bucatini oder Spaghetti mundet diese rustikale Zubereitung besonders gut.

## Sauce mit Rucola und Parmesan

2 EL natives Olivenöl extra
1 Knoblauchzehe, geschält und zerdrückt
100 g Rucola ohne dickere Stiele
Salz und frisch gemahlener schwarzer Pfeffer
25 g Parmesan, in feine Späne gehobelt

Das Öl in einem schweren Topf bei mäßiger Temperatur erhitzen. Den Knoblauch in 30 Sekunden hellblond schwitzen. Mit einer Schaumkelle herausnehmen und wegwerfen. Die Rucola in den Topf geben und schwenken, bis die Blätter gleichmäßig mit dem Knoblauchöl überzogen sind. Wenn Sie nach etwa 1 Minute weich ist, die heiße Pasta daruntermischen. Das Gericht salzen und pfeffern und mit dem Parmesan vollenden.

- Der unverwechselbare Geschmack von Rucola wird beim Kochen noch verstärkt. Besonders lecker mit Linguine oder Spaghetti.

## Sauce von frischen roten Beten

5 mittelgroße rote Bete, gekocht, geschält und gewürfelt
6 EL natives Olivenöl extra
2 gehäufte EL zerpflückte frische Basilikumblätter
Saft von 1/2 Zitrone
Salz und frisch gemahlener schwarzer Pfeffer
50 g Parmesan, in Späne gehobelt

Rote Beten, Öl, Basilikum und Zitronensaft mit heißer oder kalter Pasta vermischen. Nach Geschmack salzen und pfeffern und mit den Parmesanspänen bestreuen.

- Es gibt auch mit roter Bete gefärbte Pasta, die ausgesprochen hübsch dazu aussieht.

## Klassische Tomatensauce

1 EL Olivenöl
1-2 Knoblauchzehen, geschält und zerdrückt
450 g reife Tomaten, enthäutet (siehe Seite 17) und gehackt, oder 800 g Dosentomaten, abgetropft und gehackt
1 TL Zucker
Salz und frisch gemahlener schwarzer Pfeffer
1 TL Tomatenmark
2 EL Rotwein
1 EL gehackte frische Petersilie
1 EL gehacktes frisches Basilikum
Frisch geriebener Parmesan

In einem Topf das Öl erhitzen und den Knoblauch 30 Sekunden anbraten. Tomaten und Zucker dazugeben, salzen und pfeffern. Die Sauce 10 Minuten köcheln lassen. Das Tomatenmark und den Wein einrühren und die Sauce weitere 15 Minuten sanft kochen lassen, bis sie eindickt und einen aromatischen Geschmack entwickelt – kosten Sie!
Die Kräuter in die Sauce einrühren, nicht mehr kochen lassen, nochmals abschmecken, mit der heißen Pasta vermischen und das Gericht mit Parmesan bestreuen.

- Gekonnt zubereitet, ist eine klassische Tomatensauce durch nichts zu ersetzen. Dazu paßt jede Art von Pasta und ein frischer, grüner Salat.
- Das Rezept ergibt etwa 900 ml Sauce.

# FISCHSAUCEN

Alle Rezepte für 4 Personen

## Thunfischsauce mit Kapern

125 ml Crème double
2 EL Zitronensaft
1 Knoblauchzehe, geschält und zerdrückt
200 g Thunfisch in Öl, abgetropft und zerpflückt
2 1/2 EL gehackte frische Petersilie
2 TL Kapern, abgespült und abgetropft
1/4 TL Cayennepfeffer
Frisch gemahlener schwarzer Pfeffer
1 Zitrone, geviertelt

Crème double, Zitronensaft und Knoblauch 30 Sekunden im Mixer verrühren. Die Mischung in eine Schüssel geben. Den Thunfisch, 2 EL Petersilie und die Kapern gründlich unterziehen. Die Mischung mit Cayennepfeffer und schwarzem Pfeffer würzen.
Unter die heiße Pasta ziehen. Das Gericht mit der restlichen Petersilie bestreuen und mit den Zitronenvierteln garnieren.

- Eine Sauce für Eilige, die mit Farfalle und einem Salat aus Tomaten und schwarzen Oliven herrlich mundet.

## Kaviarsahne

3 EL Crème fraîche
15 g frischer Schnittlauch, gehackt
Frisch gemahlener schwarzer Pfeffer
100 g Keta-Kaviar

Die Crème fraîche mit dem Schnittlauch in einem schweren Topf sanft erwärmen. Vom Herd nehmen und nach Geschmack pfeffern.
Die Sahnesauce mit der heißen Pasta vermischen. Jede Portion mit einem Löffel Kaviar krönen.

- Etwas für besonders anspruchsvolle Genießer! Zarte Pasta wie frische Linguine oder Fettuccine bringt die edle Kombination am besten zur Geltung.

## Würzige Frischkäsesauce mit Garnelen

175 g Frischkäse mit Kräutern und Knoblauch
3 EL Crème double
175 g gekochte und geschälte Garnelen
1 EL gehackte frische Petersilie
1 TL abgeriebene Schale einer unbehandelten Zitrone
Frisch gemahlener schwarzer Pfeffer

Käse und Crème double in einem schweren Topf bei niedriger Temperatur erhitzen und dabei ständig rühren, bis man eine glatte Creme erhält. Einmal aufkochen, dann vom Herd nehmen und die restlichen Zutaten unterziehen.
Mit der heißen Pasta vermischen und sogleich servieren.

- Fein und aromatisch zugleich schmeckt diese erlesene Komposition. Farfalle oder Fusilli und ein Spinat-Tomaten-Salat runden sie besonders delikat ab.

## Räucherlachssauce mit Whisky

75 g Butter
250 g Räucherlachs, in feine Streifen geschnitten
1-2 TL Whisky
6 EL Crème fraîche
Frisch gemahlener schwarzer Pfeffer

Die Butter in einem schweren Topf bei mäßiger Temperatur schmelzen. Den Lachs einige Sekunden darin schwenken. Jetzt sofort den Whisky – bitte nicht mehr als die angegebene Menge – und gleich danach die Crème fraîche einrühren. Die Sauce nach Geschmack pfeffern und die heiße Pasta unterziehen.

- Genau das Richtige für ein spontanes Abendessen in fröhlicher Runde. Farfalle und ein Rucola-Salat machen die Sache perfekt.

## Würzige Fischsauce

800 g gehackte Tomaten aus der Dose
5 EL grobgehackte frische Petersilie, dazu mehr für die Garnierung
1 EL grobgehackter frischer Dill
1 kleine frische Chilischote, entkernt und fein gehackt
3 Knoblauchzehen, geschält und grob gehackt
100 ml Fischbrühe (als Konserve fertig erhältlich)
2 EL Pernod
Salz und frisch gemahlener schwarzer Pfeffer
450 g gemischte Fische und Meeresfrüchte, z.B. Tintenfisch, in 1 cm breite Ringe geschnitten, Seeteufel, in 2,5 cm große Würfel geschnitten, und große Garnelen, nach Belieben ausgelöst oder mit Schalen (sie intensivieren den Geschmack)

Alle Zutaten mit Ausnahme des Fischs und der Meeresfrüchte im Mixer 1 Minute mischen. Das Ganze in einem Topf zum Kochen bringen und 10 Minuten köcheln lassen. Fisch und Meeresfrüchte zur Sauce geben und 4 Minuten köchelnd garen. Die heiße Pasta unter die Sauce mischen, mit Petersilie bestreuen und sofort servieren.
(Abbildung Seite 50)

- Auch die Augen kommen bei diesem Gaumenschmaus auf ihre Kosten. Dazu passen Bucatini und als Beilage ein knackiger Blattsalat.
- Für dieses Rezept eignet sich jeder Fisch mit festem, weißem Fleisch.
- Himmlisch gut schmeckt die Sauce mit Stücken von frischem Hummer.

Links: Safransahne mit Miesmuscheln (Rezept Seite 51)

## Krebsfleisch mit Ingwer und Sherry

150 g Butter
Kleiner Bund Frühlingszwiebeln, geputzt und gehackt
7,5–10 cm frischer Ingwer, geschält und gerieben
250 ml Crème double
1 EL Sherry
4 EL trockener Weißwein
Salz und frisch gemahlener schwarzer Pfeffer
175 g Krebsfleisch, zerpflückt
1 EL gehackter frischer Koriander

Die Butter in einem schweren Topf zerlassen. Die Frühlingszwiebeln mit dem Ingwer goldgelb dünsten. Die Crème double, den Sherry und den Wein einrühren und alles salzen und pfeffern. Einmal aufwallen lassen und 5 Minuten kochen, bis die Sauce eindickt. Zuletzt das Krebsfleisch unterziehen.
Die heiße Pasta unter die Sauce mengen und mit dem Koriander bestreuen.

- Der Ingwer fungiert bei dieser zarten Komposition als Gaumenkitzel. Köstlich mit Fusilli oder Farfalle und einem Chinakohlsalat.

## Venusmuscheln mit Tomaten

3 EL Olivenöl
3 Knoblauchzehen, geschält und gehackt
4 große, reife Tomaten, enthäutet (siehe Seite 17), entkernt und gehackt
450 g Vongole (Venusmuscheln) aus der Dose, abgetropft, oder 1,5 kg frische Venusmuscheln, gründlich abgebürstet
Salz und frisch gemahlener schwarzer Pfeffer
3 EL gehackte frische Petersilie

Das Öl in einem schweren Topf erhitzen und den Knoblauch 20 Sekunden braten. Die Tomaten dazugeben und 5 Minuten garen, dabei gelegentlich umrühren. Nun die Muscheln hinzufügen – Muscheln aus der Dose 2 Minuten mitgaren, frische 5 Minuten bzw. bis sich die Schalen geöffnet haben (geschlossene Exemplare wegwerfen).
Alles nach Geschmack salzen und pfeffern, mit der heißen Pasta vermischen und mit der Petersilie bestreuen.

- Ein Favorit bei Liebhabern der italienischen Küche ist dieser Klassiker aus Neapel. Vorzüglich passen dazu Spaghetti oder Tagliolini und ein Fenchelsalat, angemacht mit sehr gutem Olivenöl und Zitronensaft.

## Pikante Sardellensauce mit roter Paprika

4 rote Paprikaschoten
125 ml Olivenöl
3 Knoblauchzehen, geschält und zerdrückt
1 frische rote Chilischote, fein gehackt
100 g Sardellenfilets in Öl, abgetropft
5 EL gehackte frische Petersilie
Frisch gemahlener schwarzer Pfeffer
Frisch geriebener Parmesan

Den Backofen auf 200 °C (Gasherd Stufe 6) vorheizen.
Die Paprikaschoten auf einem Backblech 25–30 Minuten rösten, bis sie schwärzlich anlaufen. Mit einem feuchten Küchentuch abdecken und abkühlen lassen. Enthäuten, in 1 cm breite Streifen schneiden und leicht salzen.
Das Öl in einer schweren Pfanne bei mäßiger Temperatur erhitzen. Den Knoblauch mit der Chilischote 1 Minute unter Rühren braten. Die Paprika mit dem ausgetretenen Saft und die Sardellen dazugeben und alles weitere 2-3 Minuten unter Rühren dünsten. Die Petersilie zur Sauce geben, mit Salz und Pfeffer abschmecken. Mit der heißen Pasta vermischen und zuletzt den Parmesan darüberstreuen.
(Abbildung Seite 48/49)

- Farbenfroh und wunderbar kräftig im Geschmack, mundet diese Zubereitung nicht nur zu Conchiglie, sondern zusammen mit italienischem Weißbrot auch als Vorspeise.
- Wenn Sie die Paprika als kalte Vorspeise anrichten, lassen Sie den Parmesan weg.

## Jakobsmuscheln mit schwarzen Spaghetti

2 EL Olivenöl
12 große Jakobsmuscheln, ohne den Corail waagerecht halbiert
300 ml trockener weißer Vermouth
1-2 TL Balsamessig
Salz und frisch gemahlener schwarzer Pfeffer
15 g Butter
2 EL gehackte frische Petersilie

Eine Pfanne sehr stark erhitzen. Das Olivenöl hineingeben und die Jakobsmuscheln von beiden Seiten rasch goldbraun braten, wobei sie nicht völlig garen dürfen. Herausnehmen und in einer vorgewärmten Schüssel beiseite stellen.
Mit dem Vermouth ablöschen und den Bratensatz abkratzen. Alles aufkochen und dann leise köchelnd etwa auf die Hälfte reduzieren. Den Essig hinzufügen, salzen und pfeffern. Die Jakobsmuscheln in die Sauce geben und noch 1 Minute garen. Behutsam die Butter unterziehen. Die heiße Pasta mit der Sauce übergießen und mit der Petersilie bestreuen.
(Abbildung Seite 45)

- Kombiniert mit schwarzer Pasta und einem grünen Salat ist diese Delikatesse zugleich ein Augenschmaus.

## Jakobsmuscheln mit gebratenem Gemüse

12 Jakobsmuscheln, Corail entfernt
4 EL Olivenöl
Salz und frisch gemahlener schwarzer Pfeffer
1 Knoblauchzehe, geschält und zerdrückt
1 kleine rote Zwiebel, in feine Scheiben geschnitten
1 rote Paprikaschote, in sehr feine Streifen geschnitten
1 Aubergine, in feine Scheiben und dann in Streifen von 5 mm x 5 cm geschnitten
3 Zucchini, in feine Scheiben und dann in Streifen von 5 mm x 5 cm geschnitten
1 Glas trockener Weißwein
1 EL Tomatenmark
10 frische Basilikumblätter, gehackt
Saft von 1 großen Zitrone

Die Jakobsmuscheln dünn mit Olivenöl bestreichen, leicht pfeffern und beiseite stellen.
Das restliche Öl in einem schweren Topf bei mäßiger Temperatur erhitzen. Knoblauch, Zwiebel und Paprika sanft dünsten. Sobald das Gemüse beginnt, weich zu werden, die Aubergine und Zucchini dazugeben. Alles salzen und pfeffern und noch 4-5 Minuten dünsten, bis das Gemüse zart, aber nicht zerkocht ist. Den Wein, das Tomatenmark und das Basilikum einrühren. Die Mischung warm stellen.
Eine schwere Pfanne stark erhitzen. Die Jakobsmuscheln hineingeben und von beiden Seiten leicht anbräunen. Bei verringerter Temperatur weitere 3-4 Minuten braten, dabei ein- bis zweimal wenden, so daß sie gleichmäßig garen.
Das Gemüse unter die heiße Pasta ziehen. Die Jakobsmuscheln darauf anrichten. Das Gericht mit dem Zitronensaft beträufeln und servieren.

- Die beiden Komponenten harmonieren ausgezeichnet, vor allem wenn sie mit Tagliatelle angerichtet werden.

## Nudelsalat mit Meeresfrüchten

225 g Pasta, gekocht
225 g gemischte Meeresfrüchte, gekocht: Garnelen, Miesmuscheln, Tintenfisch und Clams
225 g Zuckerschoten, 2–3 Minuten gegart
2 kleine Gewürzgurken, gehackt
3 EL gehacktes frisches Basilikum
2 EL gehackte frische Petersilie
1 TL getrockneter Thymian oder Oregano
6 EL Olivenöl
2 EL Zitronensaft
Salz und frisch gemahlener schwarzer Pfeffer
1 EL abgetropfte Kapern

Die Pasta mit den Meeresfrüchten, Zuckerschoten und Gurken vermischen.
In einer separaten Schüssel Kräuter, Öl, Zitronensaft sowie Salz und Pfeffer nach Geschmack verrühren. Den Salat mit der Sauce anmachen und zuletzt mit den Kapern bestreuen.

- An einem heißen Sommertag genau das Richtige. Als Pasta nahmen Sie am besten Farfalle oder Conchiglie.

Jakobsmuscheln mit schwarzen Spaghetti

## Tomatensauce mit Tintenfisch

5 EL Olivenöl
1 Knoblauchzehe, geschält und zerdrückt
1 kleine frische rote Chilischote, entkernt und fein gehackt
900 g reife Tomaten, enthäutet (siehe Seite 17), entkernt und fein gehackt
450 g Tintenfisch, gesäubert und in Ringe geschnitten (die Tentakel ganz lassen)
Salz und frisch gemahlener schwarzer Pfeffer
2–3 EL gehackter frischer Koriander

Das Öl in einem schweren Topf erhitzen. Knoblauch und Chili 30 Sekunden anbraten. Die Tomaten zugeben und 5 Minuten unter gelegentlichem Rühren dünsten. Den Tintenfisch dazugeben und 2 Minuten garen.
Die Sauce mit Salz und Pfeffer abschmecken und mit dem Koriander bestreuen. Die heiße Pasta mit der Sauce vermischen und servieren.

- Eine leicht orientalische Note klingt in dieser köstlichen Zubereitung an. Vorzüglich schmeckt sie mit Spaghetti oder einer anderen langen, runden Pastasorte.

## Weinsauce mit Tintenfisch

2 EL Olivenöl
1 kleine Zwiebel, gehackt
8 EL gehackte frische Petersilie
3 Knoblauchzehen, geschält und gehackt
450 g Tintenfisch, gesäubert und in Ringe geschnitten (die Tentakel ganz lassen)
2 Glas Rotwein
600 ml gute Fischbrühe (als Konserve erhältlich)
Salz und frisch gemahlener schwarzer Pfeffer
2 EL gehacktes frisches Basilikum
2 EL gehackter frischer Knoblauch

In einem schweren Topf das Öl bei mäßiger Temperatur erhitzen. Die Zwiebel glasig schwitzen. Petersilie und Knoblauch 1 Minute mitdünsten, dabei gelegentlich umrühren. Die Tintenfische hinzufügen und bei erhöhter Temperatur 2 Minuten unter Rühren braten. Die Hitze wieder drosseln. Wein und Fischbrühe angießen und alles 1–1 $^1/_2$ Stunden sehr sanft köcheln lassen, bis der Tintenfisch gar ist.
Die heiße Pasta unter die Sauce mischen. Das Gericht salzen und pfeffern und zuletzt mit Basilikum und gehacktem Knoblauch bestreuen.

- Fisch, Knoblauch und Wein – eine gelungene Kombination, um so mehr mit schwarzen Vermicelli oder Tagliolini.

## Garnelen mit Zuckerschoten und Minze

2 EL Olivenöl
175 g Zuckerschoten
2 Knoblauchzehen, geschält und gehackt
350 g geschälte Garnelen
3 EL gehackte frische Minze
175 ml Crème fraîche
Salz und frisch gemahlener schwarzer Pfeffer.

Das Öl in einem Topf bei mäßiger Temperatur erhitzen. Die Zuckerschoten mit dem Knoblauch 1 Minute dünsten. Die restlichen Zutaten in den Topf geben. Alles salzen und pfeffern, noch eine Minute garen und dann mit der heißen Pasta vermischen.

- Cremig und knackig zugleich, mundet die erfrischende Sauce exzellent mit kleiner Pasta wie Pennette oder Tortiglioni
- Um die Sauce kalt zu servieren, verwenden Sie anstelle der Crème fraîche einen Frischkäse, den Sie in die fertige, abgekühlte Sauce rühren.

## Cremige Hummersauce

1 EL Olivenöl
1 EL gehackte Zwiebel
1 Glas trockener Weißwein
2 gehäufte EL Crème fraîche
50 g Frischkäsezubereitung mit Knoblauch
450 g gekochter Hummer, ausgelöst und in 1 cm große Stücke geschnitten
Salz und frisch gemahlener Pfeffer
1 EL gehackter frischer Schnittlauch
1 EL zerpflückte frische Basilikumblätter
1 EL gehackte frische Petersilie

Das Öl in einem schweren Topf erhitzen und die Zwiebel weich dünsten, jedoch nicht bräunen. Den Wein angießen und 4 Minuten köcheln lassen. Die Crème fraîche und den Käse dazugeben und alles unter Rühren aufkochen. Die Sauce köcheln lassen, bis sie eindickt. Das Hummerfleisch hineingeben und 1 Minute aufwärmen.
Die Sauce mit Salz und Pfeffer würzen, mit der heißen Pasta vermischen und das Gericht mit den Kräutern bestreuen.

- Fettuccine oder Spaghetti ergänzen die delikate Sauce.

## Tomatensauce mit Thunfisch und Oliven

6 EL Olivenöl
1 rote Zwiebel, fein gehackt
3 Knoblauchzehen, geschält und fein gehackt
1 frischer Thymianstengel
400 g Pizzatomaten (Konserve)
2 EL in feine Streifen geschnittene sonnengetrocknete Tomaten in Öl
1 gehäufter EL schwarze Oliven, grob gehackt
1 TL eingelegte grüne Pfefferkörner, abgetropft und fein gehackt
200 g Thunfisch im Sud, abgetropft und zerpflückt
400 g Cannellini-Bohnen aus der Dose, abgetropft und grob gehackt
Abgeriebene Schale von 1 Zitrone
Salz und frisch gemahlener schwarzer Pfeffer
4 EL gehackte frische Petersilie

Das Öl in einem schweren Topf erhitzen. Die Zwiebel mit dem Knoblauch und dem Thymian weich dünsten. Die Temperatur erhöhen. Die Pizzatomaten mit ihrem Saft dazugeben und unter gelegentlichem Rühren kochen, bis die Sauce eindickt. Die Hitze wieder drosseln. Getrocknete Tomaten, Oliven, grünen Pfeffer, Thunfisch, Bohnen und Zitronenschale hinzufügen. Alles noch 2 Minuten kochen lassen und zuletzt mit Salz und Pfeffer abschmecken. Mit der heißen Pasta vermischen und mit der Petersilie bestreuen.

- Penne und ein Löwenzahnsalat runden eine Sauce ab, wie sie mediterraner nicht sein könnte.
- Die Sauce schmeckt ebenso zu kaltem Braten.

## Thunfischsauce mit Kapern und Pinienkernen

900 g frischer Thunfisch
5 EL Olivenöl
50 g Pinienkerne, geröstet (siehe Seite 17)
2 Knoblauchzehen, geschält und zerdrückt
2 EL Kapern, abgetropft und grobgehackt
1/2 TL zerstoßene getrocknete Chilis
Abgeriebene Schale und Saft von 2 unbehandelten Zitronen
2 EL gehacktes frisches Basilikum
Salz und frisch gemahlener schwarzer Pfeffer

Den Backofen auf 180 °C (Gasherd Stufe 4) vorheizen.
Den Thunfisch mit 1 EL Olivenöl dünn bestreichen. In Alufolie wickeln, fest verschließen und 10–15 Minuten im Ofen backen.
Herausnehmen und nach dem Abkühlen zerpflücken.
Den Fisch mit den übrigen Zutaten in einer Schüssel gründlich vermengen. Die Mischung bei Zimmertemperatur über Nacht stehen lassen. Abschmecken und unter die heiße Pasta ziehen.

- Leicht pikant und zugleich angenehm nussig schmeckt diese Sauce. Exzellent mit Farfalle und einem grünen Salat.
- Die Sauce muß über Nacht ziehen.
- Auch kalt als Nudelsalat ausgezeichnet.

## Lachs mit Bohnen und Oliven

225 g Lachsfilet
400 g grüne Bohnenkerne aus der Dose
50 g entsteinte schwarze Oliven, fein gehackt
5 EL natives Olivenöl extra
Salz und frisch gemahlener schwarzer Pfeffer

Den Backofen auf 190 °C (Gasherd Stufe 5) vorheizen. Eine ofenfeste Form leicht einölen. Das Lachsfilet hineinlegen und 10 Minuten im Ofen garen. Herausnehmen, abkühlen lassen und zerpflücken.
Die Bohnen mit der Flüssigkeit erhitzen und dann abgießen. Mit dem Lachs und den übrigen Zutaten in eine Schüssel geben und alles mit Salz und Pfeffer abschmecken. Die heiße Pasta untermengen und das Gericht mit dem restlichen Olivenöl beträufeln.

- Genießen Sie diese schmackhafte Sauce mit Maltagliati (flache, in unregelmäßige Rauten geschnittene Pasta).

## Austernsauce mit Champagner

25 g Butter
2 Stangen Lauch, in feine Scheiben geschnitten
250 ml Champagner
2 Dutzend Austern, ausgelöst
250 ml Crème fraîche
Salz und frisch gemahlener Pfeffer
1 EL gehackter frischer Knoblauch

Die Butter in einem großen, schweren Topf schmelzen. Den Lauch 2–3 Minuten anbraten. Den Champagner angießen. Sobald er leise sprudelt, die Austern in die Sauce geben, 2 Minuten garen und mit einem Schaumlöffel wieder herausnehmen. Die Champagnermischung 6–7 Minuten köcheln lassen. Die Crème fraîche einrühren. Die Sauce mit Salz und Pfeffer abschmecken und noch 10 Minuten weiterköcheln lassen.
Die Temperatur drosseln. Die Austern in der Sauce nochmals 30 Sekunden aufwärmen. Die heiße Pasta mit der Sauce mischen und vor dem Servieren mit dem Knoblauch bestreuen.

- Bei dieser Kombination schlagen Genießerherzen höher! Fein wie die Sauce sollte auch die Pasta sein: Capellini oder Linguine (schmale Tagliatelle).
- Da die Sauce leicht flüssig ist, servieren Sie das Gericht in Schalen.
- Auch mit einem Sauternes gelingt das Gericht vorzüglich.

**Links: Pikante Sardellensauce mit roter Paprika (Rezept Seite 44)**

## Safransahne mit Miesmuscheln

4 Safranfäden
350 ml Crème fraîche
50 g Butter
2 Schalotten, fein gehackt
250 ml Fischsud (aus dem Glas)
900 g frische Miesmuscheln, abgebürstet und entbartet
Salz und frisch gemahlener schwarzer Pfeffer
2 EL gehackter frischer Schnittlauch

Den Safran in die Crème fraîche einrühren, beiseite stellen. Die Butter in einem großen, schweren Topf zerlassen und die Schalotten 2 Minuten andünsten. Den Fischsud angießen und erhitzen, bis die Sauce leise sprudelt. Die Muscheln in den Sud geben und im geschlossenen Topf etwa 6 Minuten garen, bis sie sich geöffnet haben (Exemplare mit geschlossenen Schalen wegwerfen). Den Sud über einer Schüssel durch ein feines Sieb seihen. Leere Muschelschalen entfernen, die übrigen in einer zweiten Schüssel beiseite stellen.
Den Sud zurück in den Topf geben und auf die Hälfte einkochen. Die Crème fraîche einrühren und alles weitere 10 Minuten kochen. Die Temperatur herunterschalten. Die Sauce mit Salz und Pfeffer würzen und die Muscheln 30 Sekunden darin aufwärmen. Die heiße Pasta mit der Sauce anrichten und zuletzt mit dem Schnittlauch bestreuen. (Abbildung Seite 42)

- Bei dieser eleganten Zubereitung kommen die verschiedenen Geschmackskomponenten herrlich zur Geltung. Exquisit mit Spaghettini oder Tagliolini.

## Räucherforelle mit Mayonnaise und Dill

200 g frische Mayonnaise
2 EL Vinaigrette-Dressing (Fertigprodukt)
1 EL Zitronensaft
Salz und frisch gemahlener Pfeffer
15 g frischer Dill, gehackt
15 g frischer Schnittlauch, gehackt
15 g frisches Basilikum, gehackt
8 Scheiben Räucherlachs

Die abgekühlte Pasta mit der Mayonnaise vermischen. Nacheinander das Vinaigrette-Dressing, den Zitronensaft, etwas Salz und Pfeffer sowie die frischen Kräuter unterziehen. Zuletzt vorsichtig den Fisch daruntermischen, wobei die Stücke möglichst groß bleiben sollten.

- Kombiniert mit abgekühlten Conchiglie und serviert auf knackigen grünen Salatblättern ergibt diese Sauce einen herrlichen sommerlichen Genuß. Servieren Sie Weißbrot dazu.

## Sardellensauce mit Zitrone

15 g Butter
50 g eingelegte Sardellenfilets, abgespült und abgetropft
1 Zwiebel, fein gehackt
1 TL Kapern, fein gehackt
Abgeriebene Schale und Saft von 1 unbehandelten Zitrone
250 ml Crème fraîche oder Schmand (weniger Fettgehalt)
Salz und frisch gemahlener schwarzer Pfeffer
2 EL frische Petersilie, fein gehackt
1/4 TL Cayennepfeffer

Die Butter in einem schweren Topf bei sehr niedriger Temperatur zerlassen. Die Sardellen etwa 4 Minuten dünsten und dabei ab und zu umrühren, bis sie schließlich zerfallen. Achtung: Sie brennen sehr schnell an. Die Zwiebel 5 Minuten mitbraten. Kapern, Zitronenschale und -saft dazugeben und alles weitere 5 Minuten garen. Die Crème fraîche einrühren und die Sauce leicht köchelnd etwas eindicken lassen. Den Topf vom Herd nehmen. Die Sauce mit Salz und Pfeffer abschmecken. Die Pasta daruntermischen, das Gericht mit der Petersilie bestreuen und mit etwas Cayennepfeffer bestäuben.

- Delikat und herzhaft zugleich ist diese Sauce, die mit Tagliolini und einem Salat aus Tomaten, Spinat und hartgekochtem Ei besonders gut harmoniert.

## Lachs mit Fenchel und Muskatnuss

350 g Lachsfilet
300 ml Crème double
50 g Butter
1 Glas trockener Weißwein
Kräftge Prise frisch geriebene Muskatnuß
2-3 EL frisch geriebener Pecorino
1 mittelgroße Fenchelknolle, in feine Scheiben geschnitten
Salz und frisch gemahlener schwarzer Pfeffer
2 EL gehackte frische Petersilie

Den Backofen auf 190 °C (Gasherd Stufe 5) vorheizen.
Eine ofenfeste Form leicht mit Öl einfetten. Den Lachs hineingeben und 10-12 Minuten im Ofen garen. Herausnehmen, abkühlen lassen und zerpflücken.
Die Crème double mit der Butter, dem Wein und der Muskatnuß in einem schweren Topf aufkochen. Pecorino und Fenchel dazugeben, dann vorsichtig den Lachs einrühren.
Die Sauce nach Geschmack salzen und pfeffern. Die heiße Pasta unterziehen und die Petersilie darüberstreuen.

- Der exquisite Lachsgeschmack wird durch die feine Kombination von Fenchel und Muskatnuß noch betont. Spaghettini sind die ideale Ergänzung.

Links: Würzige Fischsauce (Rezept Seite 43)

# FLEISCHSAUCEN

Alle Rezepte für 4 Personen

## Bresaola mit grünem Pfeffer

15 g Butter
1 Knoblauchzehe, geschält und zerdrückt
40 g eingelegte grüne Pfefferkörner, abgespült und abgetropft
50 g Bresaola, in 1 cm breite Streifen geschnitten
250 ml Crème double
Salz und frisch gemahlener schwarzer Pfeffer

Die Butter in einem Topf langsam zerlassen. Den Knoblauch 30 Sekunden goldgelb dünsten, aber nicht anbrennen lassen. Die Pfefferkörner 5–6 Minuten braten, bis sie aufplatzen. Die Bresaola dazugeben und alles gründlich vermischen. Die Crème double einrühren. Die Sauce bei erhöhter Temperatur langsam zum Kochen bringen und dann auf kleiner Flamme noch 2–3 Minuten köcheln lassen. Nach Geschmack mit Salz und Pfeffer abschmecken und mit der heißen Pasta vermischen.
(Abbildung Seite 54/55)

- Die Kombination von zart-würzigem luftgetrocknetem italienischem Rindfleisch und aromatischem grünem Pfeffer ist himmlisch. Am besten ißt man dazu Linguine oder Fettuccine und Feldsalat.
- Wenn Sie keine Bresaola bekommenkönnen, läßt sich das Gericht auch mit Bündner Fleisch zubereiten.

## Heisse Specksauce

8 EL Olivenöl
3-4 Knoblauchzehen, geschält und zerdrückt
175 g Räucherspeck ohne Schwarte, in 5 mm breite Streifen geschnitten
4 EL Balsamessig
1 1/2 EL gehackte frische Petersilie
Salz und frisch gemahlener schwarzer Pfeffer
Frisch geriebener Parmesan

2 EL Öl in einer großen, schweren Pfanne erhitzen. Den Knoblauch 30 Sekunden sanft dünsten, wobei er nicht anbrennen darf. Mit einer Schaumkelle herausnehmen und wegwerfen.
Das Öl weiter erhitzen, den Speck ins heiße Öl geben und in 4 Minuten knusprig braten, danach das gesamte Fett abgießen. Den Essig mit etwas Wasser angießen und unter gründlichem Rühren den Bratensatz vom Pfannenboden lösen. Das restliche Öl hinzufügen und, wenn die Sauce heiß ist, die Petersilie einstreuen. Die Sauce abschmecken und unter die heiße Pasta mischen. Das Gericht mit Parmesan bestreuen und servieren.
(Abbildung Seite 61)

- Probieren Sie diese vielseitig verwendbare Sauce, die einer warmen Vinaigrette ähnelt, mit Fusilli oder Penne.

## Bologneser Fleischsauce

2 Scheiben Räucherspeck ohne Schwarte
100 g Hühnerleber (nach Belieben)
2 EL Olivenöl
1 Knoblauchzehe, geschält und zerdrückt
1 EL Zwiebel, fein gehackt
1 EL Karotte, fein gehackt
1 EL Bleichsellerie, fein gehackt
450 g mageres Rinderhack
1 Glas Weißwein
2 EL Tomatenmark
300 ml gute Hühnerbrühe (aus dem Glas)
1 Lorbeerblatt
1 frischer Thymianstengel
1 EL frische Petersilie, fein gehackt
6 Fenchelsamen
Salz und frisch gemahlener schwarzer Pfeffer
Frisch geriebener Parmesan zum Bestreuen

Speck und Hühnerleber fein hacken – Sie können dazu auch Mixer oder Pürierstab verwenden.
Das Öl in einem schweren Topf erhitzen. Knoblauch, Zwiebel, Sellerie und Karotte unter häufigem Rühren weich dünsten. Hühnerlebern, Speck und Hackfleisch dazugeben und 2 Minuten braten. Den Wein angießen, das Tomatenmark hinzufügen, gründlich umrühren und alles noch 2 Minuten kochen. Hühnerbrühe, Kräuter und Fenchelsamen zur Sauce geben und diese 1 Stunde köcheln lassen.
Abschmecken, mit der heißen Pasta vermischen und mit Parmesan bestreuen.
(Abbildung Seite 58)

- Angerichtet mit Spaghetti oder Tagliolini, ist diese deftige Sauce an einem kalten Winterabend ein Genuß. Als Getränk paßt ein körperreicher Rotwein.
- Diese Sauce wird auch für Lasagne verwendet.
- Da sie sich gut einfrieren läßt, können Sie ruhig eine größere Menge davon zubereiten.

## Salami-Peperoni-Sauce

1 EL Olivenöl
275 g Peperoni, abgetropft und in Ringe geschnitten
75 g Salami, in 1 cm breite Streifen geschnitten
1 EL Kapern, abgespült und abgetropft
1 EL gehackte frische Petersilie
Frisch gemahlener schwarzer Pfeffer

Das Öl in einem schweren Topf erhitzen. Peperoni und Salami 5 Minuten sanft braten, dabei gelegentlich umrühren. Kapern, Petersilie und Pfeffer einrühren. Die Mischung unter die heiße Pasta ziehen und das Gericht sofort servieren.

- Herzhaft bis leicht pikant ist diese Sauce, zu der Tagliatelle und ein Tomatensalat mit hauchfeinen Schalottenscheiben besonders gut passen.

SALAMI & SALUMI

## Schweinefleisch mit Safran und Basilikum

6 Safranfäden
300 ml gute Hühnerbrühe (aus dem Glas)
125 ml Olivenöl
1 Zwiebel, fein gehackt
2 Knoblauchzehen, geschält und zerdrückt
6 frische Basilikumblätter, gehackt
3 EL gehackte frische Petersilie
1 EL gehackter frischer Koriander
225 g Schweinelende, gehackt
1 TL zerstoßene getrocknete Chilis
1 EL Tomatenmark
1 TL Sojasauce
Salz und frisch gemahlener schwarzer Pfeffer
6 frische Basilikumblätter, zerpflückt

Den Safran in die Brühe einrühren und beiseite stellen. In einem schweren Topf das Öl bei mäßiger Temperatur erhitzen. Die Zwiebel, den Knoblauch und die gehackten Kräuter anschwitzen. Sobald die Zwiebel glasig, aber noch nicht gebräunt ist, das Hackfleisch und die Chilis einrühren. Sobald das Fleisch etwas Farbe angenommen hat, das Tomatenmark, die Sojasauce und die Hühnerbrühe in den Topf geben. Die Sauce nach Geschmack salzen und pfeffern und 3–4 Minuten köcheln lassen.
Die Sauce mit der heißen Pasta vermischen und das Gericht mit dem zerpflückten Basilikum bestreuen.

- Der Geschmack von Safran paßt vorzüglich zu Schweinefleisch. Als Pasta empfehle ich dazu Orecchiette oder Penne rigate.

## Herzhafte Pancetta-Chili-Sauce

4 EL natives Olivenöl extra
1 Zwiebel, gehackt
1 frische rote Chilischote, sehr fein gehackt
175 g Pancetta, in feine Scheiben geschnitten
225 g Frühlingszwiebeln, in feine Ringe geschnitten
1/2 TL gemahlener Kreuzkümmel
3 mittelgroße Tomaten, enthäutet, entkernt, in kleine Stücke geschnitten
1/2 TL frisch gemahlener Pfeffer

Das Öl in einer schweren Pfanne bei mäßiger Temperatur erhitzen. Zwiebel, Chili und Speck 4–5 Minuten sanft braten. Die Frühlingszwiebeln mit dem Kreuzkümmel dazugeben und 1 Minute unter Rühren braten. Die Tomaten zur Gemüse-Speck-Masse geben und 1 Minute mitgaren.
Die Sauce zuletzt mit Salz und Pfeffer abschmecken und dann mit der heißen Pasta vermischen.

- Eine geniale und ungewöhnliche Komposition. Penne rigate sind die perfekte Ergänzung.

Links: Bresaola mit grünem Pfeffer (Rezept Seite 52)

## Ziegenkäse mit Schinken

2 EL leichtes Olivenöl
2 Schalotten, fein gehackt
2 EL gute Hühnerbrühe (aus dem Glas)
2 EL trockener Weißwein
175 g Ziegenkäse, ohne Rinde in Stücke geschnitten
50 g Prosciutto, feingewürfelt
Frisch gemahlener schwarzer Pfeffer
Frisch geriebener Pecorino

Das Öl in einer schweren Pfanne erhitzen und die Schalotten glasig schwitzen, ohne sie zu bräunen. Brühe, Wein und dann den Käse dazugeben und alles gründlich verrühren. Sobald der Käse geschmolzen ist, den Prosciutto einrühren und die Sauce mit Pfeffer abschmecken. Die Pasta untermischen, das Gericht mit Pecorino bestreuen und servieren.

- Von dieser Köstlichkeit kann man nicht genug bekommen! Vorzüglich mit grüner Pasta.
- Wenn Sie keinen original italienischen Prosciutto bekommen können, läßt sich das Rezept auch mit anderen gekochten Schinkensorten zubereiten.

## Foie gras mit Wildpilzen

50 g getrocknete oder 150 g frische Steinpilze oder andere Wildpilze (z. B. Pfifferlinge oder Maronenröhrlinge)
400 ml gute Hühnerbrühe (aus dem Glas)
4 gehäufte EL Crème fraîche
100 g pürierte oder 150 g gehackte Foie gras (Gänsestopfleber)
Salz und frisch gemahlener weißer Pfeffer

Getrocknete Pilze in einer Schüssel mit Wasser bedecken und $^1/_2$ Stunde einweichen. Abgießen – das Einweichwasser wird nicht verwendet – und beiseite stellen.
Hühnerbrühe und Crème fraîche in einem schweren Topf langsam erhitzen und 2 Minuten köcheln lassen. Sobald die Sauce etwas eindickt, die Pilze dazugeben. Bei milder Hitze 10 Minuten garen, dann mit Salz und Pfeffer mild abschmecken.
Die heiße Pasta auf einzelnen Tellern anrichten. Jeweils etwas Foie gras auf die Nudeln geben und die Sauce darüber verteilen. Etwas Pfeffer darübermahlen und das Gericht sofort servieren.

- Die samtige Sauce entfaltet ihren delikaten Geschmack am besten in Kombination mit feinen Eiernudeln oder Farfalle.

## Salsiccia mit Linsen und Spinat

100 g Puy-Linsen
1 frischer Thymianstengel
1 Lorbeerblatt
2 Knoblauchzehen, zerdrückt
1 Glas Rotwein
4 EL Olivenöl
6 Salsiccie (kleine italienische Würste), eingestochen
1 Knoblauchzehe, geschält und fein gehackt
450 g junger Blattspinat
150 ml gute Hühnerbrühe (aus dem Glas)
1 EL Tomatenmark
Salz und frisch gemahlener schwarzer Pfeffer

Die Linsen mit dem Thymian, dem Lorbeerblatt, dem zerdrückten Knoblauch und dem Rotwein in einen Topf geben und mit Wasser bedecken. Etwa $^1/_2$ Stunde köcheln lassen, bis sie gar sind. Abgießen und die Kräuter entfernen.
Gleichzeitig in einer schweren Pfanne 2 EL Olivenöl erhitzen. Die Würste langsam braten, bis sie ringsum gleichmäßig gebräunt und richtig gar sind. In Scheiben schneiden und beiseite stellen.
In einem Topf das restliche Öl erhitzen. Den gehackten Knoblauch 30 Sekunden unter Rühren braten. Den Spinat, die gründlich abgetropften Linsen, die Wurst, die Hühnerbrühe und das Tomatenmark dazugeben. Alles noch 2–3 Minuten kochen und dabei gründlich umrühren.
Die Suppe mit Salz und Pfeffer abschmecken, die heiße Pasta zugeben, umrühren und servieren.

- Eine ländlich-deftige Suppe mit herrlichem Aroma. Dazu passen Röhrennudeln wie Rigatoni.

## Prosciutto-Sahne-Sauce

50 g Butter
1 Zwiebel, fein gehackt
150 ml Crème double
50 g Prosciutto oder Parmaschinken am Stück, in kleine Stücke geschnitten
Salz und frisch gemahlener schwarzer Pfeffer
75 g Parmesan, frisch gerieben
1 gehäufter EL gehackte frische Petersilie

Die Butter in einem großen Topf zerlassen. Die Zwiebel langsam glasig schwitzen, aber nicht bräunen. Die Crème double dazugeben, aufwallen lassen und 1 Minute kochen. Den Schinken einrühren, die Sauce behutsam salzen und pfeffern – der Schinken gibt reichlich Salz ab – und zuletzt den Parmesan gründlich unterziehen.
Die heiße Pasta unter die Sauce mischen und das Gericht mit der Petersilie bestreuen.

- Besonders köstlich ist diese üppige Sauce mit Penne oder Fusilli und dazu einem Endivien-Walnuß-Salat.



Rechts: Foie gras mit Wildpilzen

## Wachtelbrüstchen mit Sellerie und Morcheln

100 g Butter
1 Sellerieknolle, geschält und in Streifen von 5 mm x 5 cm geschnitten
4 Wachtelbrüstchen (dazu möglichst die Lebern), in 5 mm breite Streifen geschnitten
25 g getrocknete Morcheln, 1/2 Stunde in Wasser eingeweicht, abgespült und in Scheiben geschnitten
4 EL gehackter frischer Kerbel
Salz und frisch gemahlener schwarzer Pfeffer
Frisch geriebener Pecorino (ersatzweise Parmesan)

Die Hälfte der Butter in einem schweren Topf erhitzen. Den Sellerie in 4–5 Minuten langsam weich dünsten. Mit einer Schaumkelle herausnehmen und warm stellen.
Die Butter stärker erhitzen und die Wachtelbrüstchen etwa 3 Minuten unter häufigem Wenden braten. Den Sellerie, die Morcheln, den Kerbel und die restliche Butter hinzufügen. Alles noch 2 Minuten durchwärmen, dabei gelegentlich umrühren. Die Sauce mit Salz und Pfeffer abschmecken.
Die Sauce mit der heißen Pasta vermengen und das Gericht mit Pecorino bestreut servieren.

- Raffiniert und zugleich schnell gemacht ist diese Sauce, die mit Maltagliati (flache, in unregelmäßige Rauten geschnittene Pasta) serviert wird.

## Hasenragout

2 EL Olivenöl
50 g Butter
50 g Räucherspeck, ohne Schwarte, gehackt
1 kleine Zwiebel, gehackt
2 Stangen Bleichsellerie, gehackt
900 g Hasenfleisch, fein gehackt
1 TL frischer Thymian, fein gehackt
Salz und frisch gemahlener Pfeffer
1 Glas trockener Weißwein
1 Glas Rotwein
500 ml Hühner- oder Kalbsfond (aus dem Glas)
Frisch geriebener Parmesan

Öl und Butter in einem schweren Topf bei mäßiger Temperatur erhitzen. Speck, Zwiebel und Sellerie dünsten, bis das Gemüse weich ist, und dabei mehrfach umrühren Das Fleisch mit dem Thymian sowie Salz und Pfeffer nach Geschmack hinzufügen. Sobald das Fleisch gebräunt ist, den Wein angießen und köcheln lassen, bis die Flüssigkeit fast vollständig verdampft ist. Den Hühnerfond dazugeben, einen Deckel auflegen und das Ragout 2–3 Stunden köcheln lassen.
Das Ragout nochmals abschmecken, unter die heiße Pasta mischen und servieren. Dazu Parmesan reichen.

- Der außergewöhnliche Genuß rechtfertigt jede Minute, die man für die Zubereitung benötigt. Die klassische Ergänzung sind Pappardelle, Tomatensalat und ein leichter Rotwein.

## Tomatensauce mit pikanter Wurst

3 EL Olivenöl
1 kleine Zwiebel, gehackt
2 Knoblauchzehen, zerdrückt
3 EL grobgehackter gekochter Schinken
150 g Chorizo (pikante spanische Wurst), enthäutet und grobgehackt
200 ml gute Rindfleischbrühe (selbstgemacht oder aus dem Glas)
600 ml frische Tomatensauce (Rezept Seite 41) oder 400 g Dosentomaten, gehackt, besser noch Pizzatomaten
2 EL frische Petersilie, fein gehackt
Salz und frisch gemahlener schwarzer Pfeffer
Frisch geriebener Parmesan

Das Öl in einem schweren Topf erhitzen. Zwiebel und Knoblauch goldgelb dünsten. Den gekochten Schinken und die Wurst dazugeben und 3–4 Minuten braten. Dann die Brühe und die Tomatensauce dazugeben. Die Sauce 10–15 Minuten köcheln lassen, dabei gelegentlich umrühren.
Die Petersilie unterziehen, nach Geschmack salzen und pfeffern. Die heiße Pasta mit der Sauce vermischen, und das Gericht mit Parmesan bestreuen.

- Ein kräftiger Knoblauchduft begleitet die herzhafte Sauce. Sie wird mit Spaghetti oder Bucatini angerichtet. Dazu reichen Sie einen Spinat-Pilz-Salat und italienisches Weißbrot zum Auftunken der
- Wer es pikant mag, gibt 1/2 TL zerstoßene getrocknete Chilis hinzu.

## Hühnerleber mit Madeira

1 EL Olivenöl
175 g Hühnerlebern, grob gehackt
50 g Räucherspeck in dünnen Scheiben, ohne Schwarte quer in feine Streifen geschnitten
1 Knoblauchzehe, geschält und gehackt
1 EL gehackter frischer Estragon
4 EL Madeira
Salz und frisch gemahlener schwarzer Pfeffer

Das Öl in eine schwere Pfanne geben. Die Hühnerlebern bei hoher Temperatur 1 Minute scharf anbraten. Den Speck und den Knoblauch dazugeben und alles noch 3–4 Minuten unter ständigem Umrühren braten. Die Sauce mit dem Estragon und dem Madeira aromatisieren und noch 1 Minute unter häufigem Rühren kochen, abschmecken.
Die heiße Pasta unter die Sauce ziehen und nach Geschmack Pfeffer über das Gericht mahlen.

- Eine herrliche Kombination, zu der Conchiglie und als Beilage ein Feldsalat passen.

Links: Ragù alla bolognese (Rezept Seite 52)

## Wildschweinsauce

Für die Marinade
8 Wacholderbeeren
1 TL gehackter frischer Rosmarin
2 Glas Rotwein
1 Zwiebel, grob gehackt
4 EL Olivenöl

Für die Sauce
450 g ausgelöste Wildschweinlende, fein gehackt (ersatzweise Schweinelende, in 2,5 cm große Würfel geschnitten)
4 EL Olivenöl
1 Zwiebel, fein gehackt
1 Karotte, fein gehackt
1 Stange Bleichsellerie, fein gehackt
2 Knoblauchzehen, geschält und zerdrückt
1 EL Tomatenmark
2 Glas Rotwein
Salz und frisch gemahlener schwarzer Pfeffer
Frisch geriebener Pecorino

Das Fleisch in eine Schüssel geben. Die Zutaten für die Marinade vermischen und das Fleisch damit übergießen. Über Nacht, zumindest aber 5 Stunden marinieren lassen. Die Marinade durch ein feines Sieb abgießen und beiseite stellen. (Schweinefleisch, falls verwendet, im Mixer fein hacken.)

Das Öl in einem schweren Topf bei mäßiger Temperatur erhitzen. Das Fleisch mit der Zwiebel, der Karotte, dem Sellerie und dem Knoblauch anbraten, dabei ständig rühren, bis das Gemüse weich ist. Den Wein, die Marinade und das Tomatenmark dazugeben. Alles gründlich umrühren und 1–1 $^{1}/_{2}$ Stunden köcheln lassen, bis das Fleisch sehr zart ist. Die Sauce mit Salz und Pfeffer abschmecken. Die heiße Pasta mit der Sauce vermengen, das Gericht mit dem Pecorino bestreuen und servieren.

- Wildschwein ist nicht immer zu bekommen. Ersatzweise können Sie Schweinefleisch verwenden. Besonders schmackhaft mit Pappardelle.
- Dieses Gericht läßt sich gut einfrieren, so daß Sie eine größere Menge zubereiten sollten, wenn Sie Wildschweinfleisch bekommen.

Rechts: Heiße Specksauce (Rezept Seite 52)

# DANK

Mein Dank gilt dem Restaurant La Famiglia, Loyd Grossman und Orlando Murrin, Herausgeber von *Woman & Home*, die mir ihre köstlichen Rezepte überlassen haben.
Auch danke ich Rose Prince und Jose Luke, die die Rezepte ausprobiert sowie eigene Beiträge für das Buch geliefert haben. Ihre Begeisterung und Energie war sehr anregend, und es war eine Freude, mit ihnen zusammenzuarbeiten. Meine Bewunderung für Simon Wheelers herrliche Fotos läßt sich nicht in Worte fassen. Wie immer war er fröhlich, zuvorkommend und rücksichtsvoll gegenüber dem restlichen Team – ein richtiger Star.
Ich danke Elizabeth Gage, Maria Harrington, meinem Sohn Mark und meinem Assistenten Christopher Leach für ihre unermüdliche Unterstützung und Geduld.
Zuletzt möchte ich mich bei den folgenden Firmen herzlich bedanken, die die Zutaten und Requisiten für die Fotos zur Verfügung gestellt oder geliefert haben.

# REGISTER


**Pesto-Variationen**

Pesto von Basilikum 20
Pesto von getrockneten Tomaten 20
Pesto von gemischten Kräutern 20
Pesto von Koriander 20
Pesto von Oliven und Pistazien 20
Pesto von Petersilie und Haselnüssen 20
Pesto von Rucola 20
Pesto von Sauerampfer 20

**Öl- und Buttersaucen**

Braune Butter mit Knoblauch und Parmesan 23
Butter mit geröstetem Mohn 23
Butter mit Parmesan 23
Öl mit Knoblauch 23
Öl mit Knoblauch und Chilis 23
Öl mit Knoblauch und Kräutern 23
Öl mit Koriander 23
Schnittlauchbutter 23
Trüffelöl 23

**Saucen mit Sahne, Eiern und Käse**

Carbonara 24
Crème fraîche und getrocknete Tomaten 28
Gorgonzolasauce mit Broccoli und Mandeln 24
Gorgonzolasauce mit Rotwein und Walnüssen 27
Kräutersauce mit Eigelb 24
Mascarpone-Walnuß-Sauce 27
Pfeffrige Ricotta-Butter-Sauce 27
Pikante Tomatensauce mit Mozzarella 27
Ricotta-Sauce mit frischen Kräutern 28
Ricotta-Tomaten-Sauce 27
Sahnesauce mit schwarzen Oliven 24
Sahnesauce mit Steinpilzen und Sherry 24
Sahnige Käsesauce mit Walnüssen 27
Samtige Sauce mit Ei und Kapern 27
Sauce mit drei Käsesorten 28
Tomatensauce mit Ziegenkäse 28
Zitronensauce 28

**Gemüsesaucen**

Auberginensauce 38
Feurige Sauce mit schwarzen Oliven 30
Klassische Tomatensauce 41
Nudelsalat mit Frühlingsgemüse 36
Sahnesauce mit Erbsen und Speck 34
Sahnesauce mit Lauch und Schinken 36
Salsa alla Puttanesca 39
Sauce mit dicken Bohnen und Schinken 36
Sauce mit grünen Bohnenkernen und Schinken 39
Sauce mit Rucola und Parmesan 41
Sauce von Austernpilzen chinesische Art 30
Sauce von Broccoli und Semmelbröseln 34
Sauce von Fenchel und Pancetta 36
Sauce von frischen roten Beten 41
Sauce von gelben Paprikaschoten und Butter 38
Sauce von gemischten Pilzen 33
Sauce von geröstetem Gemüse und Mozzarella 39
Sauce von roten Zwiebeln und schwarzen Oliven 34
Sommersauce 33
Spinatsauce 38
Tomatensauce mit getrockneten Tomaten 30
Tomatensauce mit Rucola und Basilikum 34
Zucchinisauce mit Knoblauch und Semmelbröseln 38

**Fischsaucen**

Austernsauce mit Champagner 49
Cremige Hummersauce 47
Garnelen mit Zuckerschoten und Minze 47
Jakobsmuscheln mit gebratenem Gemüse 45
Jakobsmuscheln mit schwarzen Spaghetti 44
Kaviarsahne 43
Krebsfleisch mit Ingwer und Sherry 44
Lachs mit Bohnen und Oliven 49
Lachs mit Fenchel und Muskatnuß 51
Nudelsalat mit Meeresfrüchten 45
Pikante Sardellensauce mit roter Paprika 44
Räucherforelle mit Mayonnaise und Dill 51
Räucherlachssauce mit Whisky 43
Safransahne mit Miesmuscheln 51
Sardellensauce mit Zitrone 51
Thunfischsauce mit Kapern und Pinienkernen 43
Tomatensauce mit Thunfisch und schwarzen Oliven 47
Tomatensauce mit Tintenfisch 45
Venusmuscheln mit Tomaten 44
Würzige Fischsauce 43
Würzige Frischkäsesauce mit Garnelen 43
Würzige Thunfischsauce mit Kapern und Pinienkernen 47

**Fleischsaucen**

Bologneser Fleischsauce 52
Bresaola mit grünem Pfeffer 52
Foie gras mit Wildpilzen 56
Hasenragout 59
Heiße Specksauce 52
Herzhafte Pancetta-Chili-Sauce 55
Hühnerleber mit Madeira 59
Prosciutto-Sahne-Sauce 56
Salami-Peperoni-Sauce 52
Salsiccia mit Linsen und Spinat 56
Schweinefleisch mit Safran und Basilikum 55
Tomatensauce mit pikanter Wurst 59
Wachtelbrüstchen mit Sellerie und Morcheln 59
Weinsauce mit Tintenfisch 47
Wildschweinsauce 60
Würzige Kräutersauce 34
Ziegenkäse mit Schinken 56

Titel der Originalausgabe
*100 Great Pasta Sauces*
Veröffentlicht in Großbritannien von Cassell Illustrated, ein Imprint der Octopus Publishing Group, 2–4 Heron Quays, London, E14 4JP



Genehmigte Lizenzausgabe für Verlagsgruppe Weltbild GmbH, Steinerne Furt, 86167 Augsburg
Nutzung der Übersetzung mit freundlicher Genehmigung von Bertelsmann Club GmbH, Ringstrasse 14-20, 33378 Rheda-Wiedenbrück

Layout und Design: Thumb Design Limited
Übertragung ins Deutsche: Susanne Vogel, München
Umschlaggestaltung: Atelier Steinbicker, München
Umschlagmotive: StockFood, München
Gesamtherstellung: Druckerei Trento, Loc. Ghiaie Di Gardolo, Gardolo, 38014 Trento, Italien

Printed in Italy

ISBN 3-8289-1152-8



2006 2005 2004 2003
Die letzte Jahreszahl gibt die aktuelle Lizenzausgabe an.